蒙古タンメン中本
が本気で考えた
辛旨レシピ100

はじめに

辛いものを家でおいしく
食べたい人のために
史上初、辛旨だけのレシピ本、
本気で作っちゃいました

おいしい辛旨を作るのは、意外と難しい。
香辛料をたくさん入れても、ただ辛いだけでもの足りない。
塩けがきつくなるだけで、やみつきにはほど遠い。
「辛い。でも、おいしい」料理にするには、**辛さと旨みのバランス**がカギなのです。

出版社の方から「その辛旨のノウハウをぜひ教えてください」と
熱烈なオファーをもらって企画したのがこの本。
誰でも確実においしい辛旨が作れるよう、タレから作る基本の辛旨、
ラー油や赤唐辛子たっぷりの辛旨、作りおきできる辛旨など
辛旨好きが大満足する**辛旨全100品**を本気で考えました。
企画開始から2年3か月をかけて、「辛旨日本一」の
『蒙古タンメン中本』にしかできない、
ただ辛いだけではない、**辛さの中に絶妙の旨さ**を感じる
「辛旨バランス」のレシピができました。
「家でも思う存分辛いものが食べたい!!」という気持ちを
持て余していた辛いもの好きのみなさん。お待たせしました。
いざ、辛旨の世界へ。

蒙古タンメン中本 店主 **白根 誠**

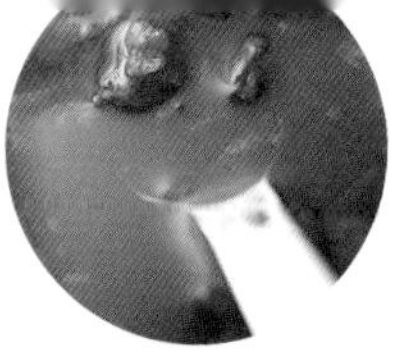

その一 辛旨ダレ

その二 辛旨ラー油

その三 赤唐辛子と一味唐辛子

その四 辛旨作りおき

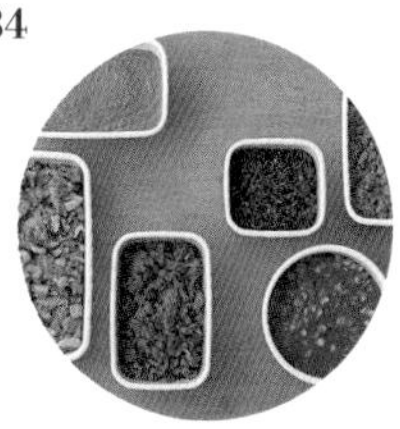

この本のレシピについて

汗が噴き出る辛さがクセになる

砂肝と長ねぎの辛旨アヒージョ

大辛

材料 (2人分)

砂肝 … 8個：皮と筋を取る
長ねぎ … ½本：2㎝幅に切る
にんにく … 3片：たたいてつぶす
塩 … 適量
A | 赤唐辛子 … 5本：半分に切って種を取る
| 塩 … 小さじ¼
| オリーブ油 … 大さじ8
顆粒コンソメ … 小さじ½
一味唐辛子 … 少々

作り方

1. 砂肝は、塩ふたつまみをもみ込む。
2. スキレットまたは小さめのフライパンに①、長ねぎ、にんにく、Aを入れて中火にかける。油がふつふつとしてきたら火を弱め、7～8分加熱する。コンソメ、塩少々を加えて味をととのえ、一味唐辛子をふる。

誠's POINT

コレは、ぶっちゃけにんにくを入れれば入れるほど旨い！

50

辛さレベル

レシピの分量通りに作ったときの辛さレベルを、辛・大辛・極辛の3段階に分けています。表示はいちばんおいしく食べられるおすすめの辛さですが、辛さの感じ方は個人差がありますので、目安としてお考えください。

辛
大辛
極辛

誠's POINT

『蒙古タンメン中本』店主の白根誠からのアドバイス。各レシピにある「辛旨POINT」も同様です。レシピ選びや作るときの参考にしてください。

この本のレシピについて

＊大さじ1＝15㎖、小さじ1＝5㎖、1カップ＝200㎖です。

＊しょうが1かけ＝約10gです。

＊電子レンジは600Wのものを使用。500Wの場合は加熱時間を1.2倍、700Wの場合は0.8倍にするなど、お手持ちの機器に合わせて調整してください。

＊特に記載がない場合、野菜の種やへた、皮などの処理は済ませたものとします。

その一

NAKAMOTO KARAUMA RECIPE

辛旨ダレ

「辛旨」を知るなら、基本となるこのタレから試してほしい。7つの材料を混ぜるだけでコクと旨みと辛みが三位一体となり、刺激的なおいしさに変身！　極上の辛さを体験してみよう。

基本

辛旨ダレ

極辛

にんにく、しょうがを
効かせて旨みたっぷり

BASIC RECIPE

すべての材料を混ぜるだけ！

辛旨ダレの作り方

材料（作りやすい分量）

一味唐辛子・白いりごま … 各大さじ１
しょうゆ … 大さじ3と½
砂糖 … 大さじ２
にんにくのみじん切り … ½片分
しょうがのみじん切り … ½かけ分
長ねぎのみじん切り … 8㎝分（20g）

作り方

ボウルにすべての材料を入れて混ぜる。

保存

清潔な保存容器に入れて、冷蔵室で１週間。

タレにポン！と漬けるだけ

辛旨麻薬卵

辛

材料（作りやすい分量）

卵 … ４個
辛旨ダレ … 大さじ２

作り方

1. 鍋に1.5ℓの湯を沸かし、冷蔵室から出したての卵を静かに入れる。6分30秒ゆでて冷水に取り、皮をむいて水けをよく拭く。
2. 保存袋に辛旨ダレ、①を入れて空気を抜き、冷蔵室で２～３時間以上（できれば半日）おく。

誠's POINT

半熟卵はかなりむきにくいので、ゆっくりむいて！

辛旨雲白肉《ウンパイロー》

辛

シャキシャキ野菜と
しっとり豚バラを
いっしょに

辛旨 POINT　もっとトロトロ仕上げが好みなら、ゆで時間を長く（4〜6時間）してみて

ふわっもちっを手作りで

辛くない 中華バンズ

辛

材料（8個分）

A
- 薄力粉 … 200g
- ドライイースト … 小さじ1
- 砂糖 … 大さじ1
- 塩 … ひとつまみ

ごま油 … 大さじ2
辛旨ダレ・酢 … 各適量

作り方

1. ボウルにAを入れ、ぬるま湯½カップを3回に分けて加える。その都度、菜箸で手早く混ぜ、8割程度まとまったらごま油大さじ1を加えて手で滑らかになるまでこねる。
2. ①を台に出し、手のひらのつけ根で押し伸ばしながらしっとりするまでこねる。丸めてボウルに入れ、濡れふきんとラップをかけて30℃くらいの室温で20～30分、生地が約2倍になるまで発酵させる。
3. 打ち粉（分量外）をした台に②をのせ、縦30×横20cmにめん棒で伸ばす。ごま油大さじ1を全体に塗り、手前から奥にくるくると巻く。巻き終わりを下にして8等分に切り、中央に箸を当てて強く押さえつける。
4. クッキングシートを敷いたせいろまたは蒸し器に並べ、ふたをして10～20分おく。二次発酵したら強火で15分蒸す。器に盛り、辛旨酢ダレを添える。

材料（作りやすい分量）

豚バラブロック肉 … 400g
レタス … 4枚：ゆでて冷水に取る
きゅうり … 1本：ピーラーで薄切りにする
長ねぎ … 10cm：白髪に切る

A
- 長ねぎの青い部分 … 10cm分
- しょうが … 1かけ
- 酒 … 大さじ3
- 水 … 4～5カップ

B
- 辛旨ダレ … 大さじ4
- 酢 … 小さじ2
- ごま油 … 大さじ2

ラー油 … 適量

作り方

1. 厚手の鍋（豚肉が水にひたる大きさ）に豚肉、Aを入れて弱めの中火にかける（煮立たせない）。アクが出たら除き、ふたをして弱火で2時間ゆでる（途中で水分がなくなったら足す）。火を止め、そのまま粗熱を取る。
2. 器に水けをきったレタスを敷き、7～8mm厚さに切った①を並べる。きゅうり、白髪ねぎを真ん中にのせ、合わせたBを回しかけてラー油をかける。

辛旨 POINT　NYのラーメン屋では定番の大人気テイクアウトメニュー

トマトの酸味とタレの辛みが合う

トマトときくらげの辛旨卵炒め

辛 | 🔥🔥🔥

材料（2人分）

卵 … 2個：割りほぐす
トマト … 1個：ひと口大に切る
生きくらげ … 50g：
　食べやすく切る
A ｜辛旨ダレ … 大さじ2
　｜鶏ガラスープの素 …
　｜　小さじ½
塩・こしょう … 各少々
粗びき黒こしょう … 適量
サラダ油 … 大さじ2

作り方

1. フライパンにサラダ油大さじ1を中火で熱し、溶き卵を流し入れる。大きく混ぜて半熟になったらいったん取り出す。
2. サラダ油大さじ1を足して中火で熱し、トマト、きくらげをさっと炒める。トマトに軽く焼き色がついたら①を戻し入れ、**A**を加えてさっくりと炒め合わせる。塩、こしょうで味をととのえる。器に盛り、粗びき黒こしょうをふる。

辛旨回鍋肉《ホイコーロー》

辛 | 🔥🔥🔥

材料（2人分）

豚バラ焼肉用 … 120g
キャベツ … 4枚：大きめのひと口大に切る
長ねぎ … ½本：斜め薄切り
A ｜辛旨ダレ … 大さじ2
　｜みそ … 小さじ2
塩・こしょう … 各少々
ラード（またはごま油）… 大さじ1

作り方

1. フライパンにラードを中火で熱し、豚肉を焼きつけるように炒める。長ねぎを加え、全体に油がまわったらキャベツを加える。
2. キャベツがしんなりしたら合わせた**A**を加え、火を強めてさっくりと混ぜ合わせる。塩、こしょうで味をととのえる。

辛旨 POINT 炒めるときに唐辛子を加えたり、仕上げに一味唐辛子をふると香りと辛さがアップ！

ラードのコクが決め手

辛旨レバニラ炒め

辛

材料（2人分）

豚レバー … 150g
にら … 1束：5㎝長さに切る
にんじん … ⅙本：細切り
もやし … ½袋
A｜酒・しょうゆ … 各大さじ½
　｜こしょう … 少々
B｜片栗粉 … 大さじ2
　｜ごま油 … 大さじ1
一味唐辛子 … 小さじ1
辛旨ダレ … 大さじ3
塩・こしょう … 各少々
ラード（またはごま油）… 大さじ2

作り方

1. レバーは冷水で洗って血抜きをし、水けを拭いて7㎜厚さに切る。Aをもみ込み、なじんだらBを加えてもみ込む。
2. フライパンにラードを中火で熱し、①を並べて両面に焼き色をつけ、いったん取り出す。
3. ②のフライパンでにんじんを炒め、しんなりしたらにら、もやし、②、一味唐辛子を加えて炒め合わせる。油がまわったら辛旨ダレを加え、手早く味をなじませる。塩、こしょうで味をととのえる。

辛旨 POINT 辛さを上げるには仕上げにラー油を回しかけるとGOOD！

辛旨みそ肉じゃが

大辛

材料（2人分）

豚バラ薄切り肉 … 100g：
　食べやすく切る
じゃがいも … 2個：ひと口大に切る
にんじん … ½本：ひと口大に切る
玉ねぎ … ½個：2㎝幅のくし形切り
さやいんげん … 3本：食べやすく切る
A | 酒 … 大さじ1
　| 水 … 適量
B | 辛旨ダレ … 大さじ2〜3
　| 赤唐辛子 … 3本：
　|　半分に切って種を取る
　| みそ … 大さじ½
　| みりん … 大さじ1
サラダ油 … 大さじ1

作り方

1. 鍋にサラダ油を中火で熱し、じゃがいも、にんじんを炒める。全体に油がまわったら玉ねぎを加え、さらに炒める。

2. じゃがいもの表面が透き通ってきたら**A**をひたひたに加え、ひと煮立ちしたら豚肉を加える。アクを取り、落としぶたをして弱火で10分煮る。

3. **B**を加えて火を強め、煮汁が半分になるまで煮る。さやいんげんを加えて1〜2分煮る。

誠's POINT

いつもの和食惣菜も辛みを使うといいアクセントに

辛旨おでん

辛

じっくり煮込んだ豚バラ&牛すじがとろける

材料（作りやすい分量）

豚バラ薄切り肉 … 8枚（約200g）
大根 … ⅓本（350g）
A 牛すじ串 … 4本
ちくわ … 2本：斜め半分に切る
ゆで卵 … 4個
糸こんにゃく（結び）… 4個
厚揚げ … 1枚（200g）：食べやすく切る
水 … 4カップ
辛旨ダレ … 大さじ3
赤唐辛子 … 5本：半分に切って種を取る
和風顆粒だしの素 … 小さじ2
塩 … 小さじ¼
塩 … 少々

作り方

1. 豚肉は1枚ずつ広げて端から巻き、2個ずつ串に刺す。大根は3㎝厚さに切って十字の切り目を入れ、下ゆでする。
2. 鍋に①、**A**を入れて中火にかけ、煮立ったら火を弱め、30分煮る。塩で味をととのえて火を止め、味を含ませる。食べる直前に温める。

辛旨 POINT 赤唐辛子を倍量にすれば辛さマシ。トマトを入れても酸味と辛みがマッチ！

辛

辛旨チーズスタッカルビ

材料（2人分）

鶏もも肉 … 1枚：大きめのひと口大に切る
キャベツ … ¼個：大きめのひと口大に切る
玉ねぎ … ¼個：くし形切り
さつまいも … ½本（100g）：
　1cm厚さの半月切り
A｜辛旨ダレ・みりん … 各大さじ2
　｜みそ … 大さじ1
ピザ用チーズ … 40g
ごま油 … 大さじ1

作り方

1. 鶏肉は**A**をもみ込む。
2. フライパンにごま油をひき、野菜、タレを拭いた①（タレは取っておく）を重ね、ふたをして弱めの中火で蒸し焼きにする。
3. 野菜がやわらかくなったら残りのタレを加え、火を強めて水分をとばすように炒め合わせる。中央をくぼませてピザ用チーズをのせ、火を止める。ふたをして余熱で溶かす。

とろ～り濃厚チーズがあとを引く

辛旨 POINT 鋭い辛みがお好きな方は、仕上げに一味唐辛子をひとふり！

アツアツをハフハフしながら食べたい！

極辛旨ビビンパ

極辛 🔥🔥🔥

材料（2人分）

豚バラ薄切り肉 … 100g：2cm幅に切る
ほうれん草 … 2株：4cm長さに切る
にんじん … ¼本：細切り
豆もやし … ½袋
白菜キムチ … 50g
辛旨ダレ … 大さじ2
A ごま油・白すりごま … 各大さじ1
豆板醤 … 小さじ1
おろしにんにく … 小さじ½
鶏ガラスープの素 … 小さじ½
塩 … ひとつまみ
こしょう … 少々
ご飯 … 茶碗2杯分
卵黄 … 1個分
B コチュジャン … 大さじ2
一味唐辛子 … 小さじ½
ごま油 … 大さじ1

作り方

1. 豚肉は辛旨ダレをもみ込む。野菜はそれぞれゆでて水けを拭き、合わせた**A**を加えて混ぜる。
2. スキレット（なければ直径20cmのフライパン）に豚肉を入れ、弱火で炒める。肉の色が変わったら取り出す。
3. スキレットをさっと洗ってご飯を敷き、ごま油を回しかける。②、①の野菜、白菜キムチをのせて弱火〜中火にかけ、香ばしい香りがするまで温める。火からおろして卵黄をのせ、合わせた**B**を添える。

誠's POINT

フライパンで作ってふつうの器に盛ってもOK！　スプーンが止まらん！

辛旨豚しゃぶ冷やし中華

辛

暑さも吹っ飛ぶ
さっぱりＨＯＴ

材料（2人分）

豚しゃぶしゃぶ用肉 … 80g
中華麺（細麺）… 2袋
もやし … ½袋
きゅうり … ½本：細切り
トマト … ½個：くし形切り
卵 … 1個
A 砂糖 … 小さじ1
　塩 … ひとつまみ
B 辛旨ダレ … 大さじ3
　鶏ガラスープの素 … 小さじ1
　水 … 大さじ5
　酢・ごま油 … 各大さじ2
ラー油 … 適量
サラダ油 … 少々

作り方

1. 豚肉、中華麺、もやしはそれぞれゆでて冷水に取る。卵は**A**を加えて溶きほぐす。
2. フライパンにサラダ油をひき、卵液を流して中火でいり卵を作る。
3. 器に麺を盛り、豚肉、野菜、②をのせる。合わせた**B**、ラー油をかける。

辛旨 POINT　Bのごま油をラー油に変えれば辛さマシ！　夏バテも撃退の旨さ！

極辛

極辛旨ユッケジャンスープ

辛さの中に牛肉と野菜の甘み

材料（2人分）

- 牛切り落とし肉 … 100g
- 白菜キムチ … 100g
- 豆もやし … 1袋
- にら … ½束：4㎝長さに切る
- しいたけ … 2個：薄切り
- 赤唐辛子 … 5本：半分に切って種を取る
- **A**
  - 辛旨ダレ … 大さじ4
  - 鶏ガラスープの素 … 小さじ1
  - みそ … 大さじ½
  - 水 … 3カップ
- ごま油 … 適量

作り方

1. 鍋にごま油大さじ2、赤唐辛子を入れて弱火にかけ、香りが出てきたら中火にして牛肉、白菜キムチを加えて炒める。
2. 肉の色が変わったら**A**を加え、ひと煮立ちしたら野菜、しいたけを加えて5分ほど煮る。器に盛り、ごま油を回しかける。

辛旨 POINT　シメには白ご飯を入れてクッパ風がおすすめ！

辛旨すき焼き みそ仕立て

大辛

材料（2人分）

牛すき焼き用肉 … 200g
春菊 … 1束：5cm長さに切る
長ねぎ … ½本：1cm厚さの斜め切り
しいたけ … 4個：半分に切る
焼き豆腐 … ½丁：食べやすく切る
しらたき … 100g：食べやすく切る
A 辛旨ダレ … 大さじ2と½
赤唐辛子 … 4本：半分に切って種を取る
みそ … 大さじ2
みりん … 大さじ3
水 … ½カップ
卵 … 2個

作り方

すき焼き鍋に**A**を入れてよく混ぜ、具材を加えて好みの加減に煮る。溶き卵をつけながら食べる。

誠's POINT

つけ卵にラー油を加えても。具材は豚肉でもバッチリおいしい

その二

NAKAMOTO KARAUMA RECIPE

辛旨ラー油

黒こしょうやしょうが、ごま油で香りのエッセンスを加えると、スパイス感満点の辛旨調味料が誕生。和食から中華、エスニックまで、さまざまな料理になじむタレ使いを楽しもう。

基本

辛旨ラー油

極辛

BASIC RECIPE

アツアツの油を注いで

辛旨ラー油の作り方

材料（作りやすい分量）

A　一味唐辛子 … 大さじ2
　　水 … 大さじ1
B　ごま油 … 50g
　　サラダ油 … 50g
　　しょうがの薄切り … 1かけ分
　　黒こしょう（ホール） … 20粒
C　鶏ガラスープの素 … 小さじ1
　　市販のフライドオニオン
　　　… 大さじ3

作り方

1. ボウルに **A** を入れて混ぜる。
2. フライパンに **B** を入れて弱火で熱し、5分ほどかけて温度をゆっくりと上げる。香りが出てきたらしょうが、黒こしょうを除く。
3. 軽く煙が出てきたら①に4〜5回に分けて加え、その都度よく混ぜる。
4. 粗熱が取れたら **C** を加えて混ぜる。

保存

清潔な保存容器に入れて、
冷蔵室で3週間。

秒速めちゃ旨！

辛旨ラー油の卵かけご飯

辛

材料（2人分）

卵 … 2個
ご飯 … 茶碗2杯分
辛旨ラー油 … 大さじ1
しょうゆ … 適量

作り方

器にご飯を盛り、卵を割り落とし、辛旨ラー油、しょうゆをかける。混ぜながら食べる。

辛旨 POINT　簡単すぎて間違いないおいしさ！

おつまみや「もう一品」に

辛旨ラー油 冷ややっこ

大辛

材料（2人分）

絹ごし豆腐 … 1丁：半分に切る
細ねぎの小口切り … 適量
辛旨ラー油 … 大さじ1～2
しょうゆ … 適量

作り方

器に豆腐を盛り、細ねぎをのせて辛旨ラー油、しょうゆをかける。

辛旨 POINT 辛さはラー油の量で調整を

辛さ+マヨネーズで[illegible]化

野菜スティック 辛旨ラー油マヨ添え

辛

材料（作りやすい分量）

きゅうり … ⅓本：棒状に切る
にんじん … ¼本：棒状に切る
セロリ … ¼本：棒状に切る
A 辛旨ラー油 … 小さじ1
　マヨネーズ … 大さじ1

作り方

器に野菜を盛り、合わせたAにつけながら食べる。

辛旨 POINT Aに一味唐辛子を適量加えると辛旨さがアップ！

ズッキーニの辛旨ナムル

辛

材料（2人分）

ズッキーニ … 1本：薄い輪切り
塩 … 適量
A | 辛旨ラー油 … 大さじ½
　 | 白すりごま … 大さじ½

作り方

1. ズッキーニは塩ひとつまみをふり、しんなりしたら水けを拭く。
2. ボウルに①、**A**を入れてさっくり混ぜる。塩少々で味をととのえる。

誠's POINT

ズッキーニの代わりに、きゅうりや大根でもOK!

やみつき辛旨ポテサラ

辛 | 🔥🔥🔥

材料（作りやすい分量）

じゃがいも … ２個
きゅうり … ¼本：薄い輪切り
玉ねぎ … ⅛個：薄切り
ハム … １枚：
　横半分に切って 5㎜幅に切る
ゆでえび … ４尾：食べやすく切る
A | マヨネーズ … 大さじ４
　| 塩 … 少々
　| こしょう … 適量
辛旨ラー油 … 大さじ½

作り方

1. じゃがいもは皮ごと濡らしたキッチンペーパーで包み、ラップで包んで電子レンジで４〜５分加熱する。やわらかくなったら熱いうちに皮をむき、フォークなどで粗くつぶして粗熱を取る。きゅうりは塩ひとつまみ（分量外）をもみ込む。玉ねぎは水にさらす。
2. ボウルに①、ハム、ゆでえび、Aを入れてさっくりと混ぜる。全体がなじんだら辛旨ラー油を加えてひと混ぜする。

パンにはさんでマイルドに

辛旨ポテサラサンド

辛 | 🔥🔥🔥

材料（２人分）

食パン（10枚切り）… ４枚
やみつき辛旨ポテサラ
　（下記参照）… 300g
バター … 5g
マヨネーズ … 大さじ1

作り方

食パン４枚を広げ、２枚にバター、残り２枚にマヨネーズを塗る。バターを塗ったほうにポテトサラダをのせてサンドし、食べやすく切る。

プリプリのえび×辛さのパンチ

辛旨 POINT　少々意外だけれど、ラー油がえびとじゃがいもに合う！

チンゲン菜とえびの辛旨中華風茶碗蒸し

辛

材料（2人分）

むきえび … 6尾
チンゲン菜 … ¼株：
　さっとゆでて食べやすく切る
生きくらげ … 1枚：食べやすく切る
A | 卵 … 1個
　| 鶏ガラスープの素 … 小さじ1
　| 水 … ¾カップ
　| 塩 … ひとつまみ
辛旨ラー油 … 小さじ2

作り方

1. ボウルに**A**を合わせ、こす。
2. 耐熱容器にえび、チンゲン菜、きくらげを入れて①を注ぎ、アルミホイルでふたをする。蒸気の上がった蒸し器に入れ、ふたを少しずらして中火で8～10分蒸す。
3. 竹串を刺して卵液が流れ出なくなったら火を止める。辛旨ラー油を回しかける。

ふわとろ＋ぷりぷり食感

辛旨POINT　えびの代わりに鶏肉でもOK！

甘みが溶け出す

白菜と豚バラの辛旨クリーム煮

辛

材料（2～3人分）

豚バラ薄切り肉 … 80g：4cm幅に切る
白菜 … ⅛個：大きめのひと口大に切る
エリンギ … 1本：食べやすい大きさに縦薄切り
水 … ¼カップ
A 鶏ガラスープの素 … 小さじ1
　牛乳 … 1カップ
片栗粉 … 大さじ1：同量の水で溶く
塩・こしょう … 各少々
辛旨ラー油 … 大さじ1～2

作り方

1. 鍋に豚肉、白菜、エリンギ、水を入れ、ふたをして中火にかける。蒸気が上がったら全体を混ぜ、ふたをして弱火で5分ほど、やわらかくなるまで蒸し煮にする。

2. Aを加え、ひと煮立ちしたら水溶き片栗粉を少しずつ加え、大きく混ぜてとろみをつける。塩、こしょうで味をととのえ、辛旨ラー油を回しかける。

辛旨 POINT やさしい味わいの一品。種を取った赤唐辛子をいっしょに蒸し煮にすると辛旨さUP！

辛旨ラー油棒々鶏《バンバンジー》

大辛

材料（2人分）

鶏むね肉 … 1枚：水けを拭く
きゅうり … ½本：細切り
トマト … ½個：5㎜厚さの半月切り
長ねぎ … 10㎝

A
酒 … 大さじ1
マヨネーズ … 大さじ2
塩・こしょう … 各少々

B
辛旨ラー油・砂糖 … 各小さじ2
白練りごま・しょうゆ … 各大さじ1
白すりごま … 大さじ½
酢 … 小さじ½

辛旨ラー油 … 適量

作り方

1. ポリ袋に鶏肉、**A**を入れてもみ込み、15分おく。耐熱皿に漬け汁ごと入れてラップをかけ、電子レンジで2分30秒〜3分加熱して粗熱を取る。
2. 長ねぎは5㎝長さに切って外側の白い部分は白髪ねぎに、中心の部分はみじん切りにする。
3. ボウルに**B**を入れて混ぜ、みじん切りにした長ねぎを加える。
4. 器にきゅうり、トマトを並べ、食べやすく切った鶏肉をのせて③をかける。白髪ねぎを添え、好みで辛旨ラー油を回しかける。

誠's POINT

コレが出てきたら、本格的すぎて胃袋つかまれちゃうね♡

ジューシー豚バラ肉が最強
辛旨サムギョプサル

辛

材料（2人分）

豚バラ焼肉用肉 … 300g：塩、こしょう各少々をふる
にんにくの薄切り … 2片分
長ねぎ … 10㎝：長さ半分に切って白髪に切る
サンチュ … 10枚
白菜キムチ … 100g
辛旨ラー油 … 大さじ1～2
コチュジャン … 適量

作り方

1. フライパンを弱めの中火で温め、豚肉を並べる。脂が出てきたら空いている場所でにんにく、白菜キムチを炒める。
2. 肉に焼き色がついたら裏返し、辛旨ラー油をスプーンで塗って両面を焼く。
3. 器に盛り、サンチュ、白髪ねぎ、コチュジャンを添える。

辛旨 POINT 食べる前からもう絶対に旨い！ コチュジャンに一味唐辛子を混ぜると辛さアップ

大辛

鶏肉とナッツの辛旨オイスター炒め

ラー油だけなのに
お店レベルの本格味

材料（2人分）

鶏もも肉 … 1枚：2cm角に切る
ミックスナッツ … 50g
玉ねぎ … ¼個：1.5cm四方に切る
ピーマン … 1個：1.5cm四方に切る
しょうゆ … 小さじ1
A 辛旨ラー油 … 大さじ1
　オイスターソース・酢 … 各小さじ2
　片栗粉 … 小さじ¼
　水 … 大さじ½
塩 … 少々
サラダ油 … 大さじ1

作り方

1. 鶏肉はしょうゆをもみ込む。
2. フライパンにサラダ油大さじ½を中火で熱し、ナッツをきつね色になるまで炒めていったん取り出す。
3. サラダ油大さじ½を足し、①を焼きつけるように炒める。焼き色がついたら野菜を加え、さらに炒める。玉ねぎが透き通ったら**A**、②を加えて炒め合わせる。塩で味をととのえる。

辛旨POINT お好みで仕上げに花椒（ホアジャオ）をふると辛さ&香りがアップ！

極辛

極辛旨よだれ鶏

鶏肉が驚くほど
しっとりやわらかに

材料（2人分）

鶏むね肉 … 1枚
長ねぎ … 10cm：みじん切り
パクチー … 1株：ざく切り

A
酒 … 大さじ1
マヨネーズ … 大さじ2

B
辛旨ラー油 … 大さじ2〜3
しょうゆ・酢 … 各大さじ1
砂糖 … 小さじ2
塩 … 少々

作り方

1. ポリ袋に鶏肉、**A**を入れてもみ込み、15分おく。耐熱皿に漬け汁ごと入れてラップをかけ、電子レンジで2分30秒〜3分加熱して粗熱を取る。さめたら食べやすくそぎ切りにする。
2. ボウルに長ねぎ、**B**を入れて混ぜる。
3. 器に①を盛り、②のたれをかける。パクチーを添える。

辛旨 POINT 鶏肉の下処理で食用重曹を1〜2分もみ込んでから洗い流すと、さらにむっちりやわらかいプロの食感に！

えびチリ極辛旨炒め

極辛

辛さ&旨みを
殻ごと味わう

材料 (2人分)

えび … 大10尾
長ねぎ … 5㎝：5㎜四方に切る
片栗粉 … 適量
A | 辛旨ラー油 … 大さじ2～3
　トマトケチャップ … 大さじ1と½
　水 … 大さじ3
　鶏ガラスープの素 … 小さじ½
　砂糖 … 大さじ½
サラダ油 … 大さじ3

作り方

1. えびは殻つきのまま背に包丁を入れ、身の半分くらいまで切り込みを入れる。背わたを取り、身を左右に開く。足をキッチンばさみなどで取り除いて片栗粉をまぶす。
2. フライパンにサラダ油を中火で熱し、身側を下にして①を並べ入れる。軽く焼き色がついたら上下を返し、殻が白っぽくなるまで焼く。
3. 余分な脂をペーパータオルで拭き取り、長ねぎ、**A**を加えてさっと炒め合わせる。

誠's POINT

半身がつかるくらいの少量の油でもきれいに揚がるよ！

手軽に作れる本場の味

ささみとえびの辛旨生春巻き

大辛

材料（2人分）

鶏ささみ … 2本：筋を取る
えび … 8尾：背わたを取る
サニーレタス … 6枚
きゅうり … ½本：せん切り
細ねぎ … 4本：10㎝長さに切る
A 酒 … 大さじ2
水 … 大さじ1
塩 … ふたつまみ
こしょう … 少々
ライスペーパー … 4枚
B 辛旨ラー油 … 大さじ1〜2
ナンプラー・レモン汁 … 各小さじ2
砂糖 … 大さじ1
ピーナッツ … 大さじ1：砕く

作り方

1. 小鍋にささみ、えび、**A**を入れてさっと混ぜ、ふたをして中火にかける。蒸気が上がったら火を弱め、2分蒸す。火を止め、粗熱が取れたらささみはほぐし、えびは殻をむく。
2. 水にくぐらせたライスペーパーの手前にサニーレタス、きゅうり、細ねぎをのせてひと巻きし、左右を折りたたんで①をのせて包む。
3. 食べやすく切って器に盛り、合わせた**B**を添える。好みでレモンを添える。

辛旨 POINT ほぐしたささみを辛旨ラー油であえておくとさらに辛さマシ！

ふんわり卵の辛旨天津飯

辛

材料（2人分）

卵 … 4個
かに風味かまぼこ … 4本：
長さを半分に切ってほぐす
長ねぎの小口切り … ¼本分
マヨネーズ … 大さじ1
ご飯 … 丼2杯分
A
- 鶏ガラスープの素 … 小さじ¼
- オイスターソース … 小さじ2
- しょうゆ … 小さじ2
- 塩 … ふたつまみ
- 砂糖 … 小さじ½
- 酢 … 小さじ1
- 水 … 1と½カップ

片栗粉 … 大さじ1と½：同量の水で溶く
辛旨ラー油 … 大さじ1〜2
水煮グリーンピース … 適量
サラダ油 … 大さじ3

作り方

1. ボウルに卵を割りほぐし、かに風味かまぼこ、長ねぎ、マヨネーズを加えて混ぜる。
2. フライパンにサラダ油大さじ1と½を中火で熱し、①の半量を流し入れる。まわりがふんわりと固まったら上下を返し、さっと焼く。
3. 器にご飯を盛り、②をのせる。残りも同様にして作る。
4. ②のフライパンに**A**を入れて火にかけ、ひと煮立ちしたら水溶き片栗粉を加えてとろみをつける。辛旨ラー油を加えてひと混ぜし、③にかけてグリーンピースを飾る。

辛旨 POINT 仕上げに辛旨ラー油をひと回し！ でさらに辛旨い！

辛旨スパイシーアヒポケ丼

辛 🔥

まぐろとアボカドをあえるだけ

材料（2人分）

まぐろ刺身用 … 200g：1.5㎝角に切る
アボカド … ½個：2㎝角に切る
細ねぎの小口切り … 2本分
A 辛旨ラー油 … 大さじ1
マヨネーズ … 大さじ2
しょうゆ … 小さじ2
ご飯 … 丼2杯分
白いりごま … 小さじ1
辛旨ラー油 … 適量

作り方

1. ボウルに**A**を入れて混ぜ、まぐろ、アボカド、細ねぎを加えてさっくりと混ぜる。
2. 器にご飯を盛り、①をのせる。白いりごまをふり、辛旨ラー油を回しかける。

辛旨 POINT 鯛やブリなどの白身魚でもバッチリおいしく作れる！

じっくり焼きつけた
麺が香ばしい

辛旨海鮮あんかけ かた焼きそば

辛

材料（2人分）

冷凍シーフードミックス … 200g：
　解凍する
小松菜 … 1株：4cm幅に切る
にんじん … ¼本：短冊切り
たけのこ … 小¼個（約70g）：
　食べやすい大きさに切る
しいたけ … 2個：薄切り
水煮うずら卵 … 4個
中華蒸し麺 … 2袋：
　袋のまま軽くレンジ加熱してもみほぐす
A｜鶏ガラスープの素 … 小さじ2
　｜酒 … 大さじ2
　｜塩 … ふたつまみ
　｜水 … 1と½カップ
片栗粉 … 大さじ1：同量の水で溶く
塩・こしょう … 各少々
辛旨ラー油 … 大さじ1〜2
ごま油 … 大さじ3

作り方

1. フライパンにごま油大さじ1を中火で熱し、中華麺1袋をほぐし入れる。5分ほど動かさず、香ばしい焼き色がついたら上下を返す。残りも同様に焼いて器に盛る。

2. フライパンにごま油大さじ1を中火で熱し、シーフードミックス、野菜、しいたけを炒める。全体に油がまわったら**A**、うずらの卵を加えてひと煮立ちさせ、水溶き片栗粉でとろみをつける。塩、こしょうで味をととのえ、辛旨ラー油を加えてひと混ぜし、①にかける。

辛旨 POINT　麺を焼き始めたら絶対に触らず動かさないこと！ これだけでおいしい焼きそばに

大辛

ナッツが香る辛旨パッタイ

その二▼

材料（2人分）

豚バラ薄切り肉 … 50g：
　3cm幅に切る
乾燥桜えび … 大さじ2
卵 … 1個：割りほぐす
にら … ½束：4cm長さに切る
にんじん … ¼本：短冊切り
もやし … ½袋
米麺 … 120g：
　袋の表示通りにもどす
A｜辛旨ラー油・砂糖 … 各大さじ1
　｜ナンプラー … 大さじ2
ピーナッツ … 大さじ2：刻む
辛旨ラー油 … 適量
サラダ油 … 大さじ2

作り方

1. フライパンにサラダ油大さじ1を中火で熱し、溶き卵を流し入れる。大きく混ぜ、半熟状になったらいったん取り出す。
2. ①のフライパンにサラダ油大さじ1を中火で熱し、豚肉、にんじんを炒める。肉の色が変わったらにら、もやし、桜えび、米麺を入れてさらに炒める。
3. 全体に油がまわって野菜がしんなりしたら、A、①を加え、さっくりと炒め合わせる。器に盛り、ピーナッツを散らして辛旨ラー油を回しかける。好みでパクチー、レモンを添える。

ラー油があれば簡単に！
タイ風焼きそば

辛旨 POINT　好みでパクチーをたっぷりのせたり、レモンを絞ると味変！

夏の〝かっこみメシ〟はピリッとさっぱり

さば缶の辛旨冷や汁

辛

材料（2〜3人分）

さば水煮缶 … 1缶（190g）
きゅうり … ½本：小口切り
みょうが … 2個：小口切り
青じそ … 5枚：長さ半分に切って細切り
木綿豆腐 … ½丁（約150g）
みそ … 大さじ1と½
A
辛旨ラー油 … 大さじ1〜2
白すりごま … 大さじ2
氷水 … 1と½カップ

作り方

1. 耐熱皿にみそをこすりつけるように広げて延ばし、魚焼きグリルなどで焼き色がつくまで香ばしく焼く。
2. ボウルに①を入れ、さば缶の汁を少しずつ注いで溶きのばす。みそが溶けたらざっくりと崩したさば缶の身と豆腐、きゅうり、みょうが、青じそ、**A**を入れてよく混ぜる。

誠's POINT

夏はコレと炊きたてご飯だけでいいや（笑）。そうめんにも合うよ！

香ばしくコク深いつけダレで

くるみと辛旨ラー油のつけそば

辛

材料（2人分）

そば … 160g：ゆでて冷水に取る
長ねぎの小口切り … 適量
A | 辛旨ラー油 … 大さじ1～2
　 めんつゆ（3倍濃縮）… ⅓カップ
　 白練りごま … 大さじ2と½
　 水 … ¾カップ
　 くるみ … 大さじ2：粗く砕く
練りわさび … 適量

作り方

1. ボウルに**A**を合わせ、器に取り分ける。
2. 器にゆでたそばを盛り、長ねぎ、わさびを添えて①につけながら食べる。

辛旨 POINT 意外に見えるけど、そばとラー油は合うのよ！

大辛

濃厚辛旨豆乳担々麺

材料（2人分）

豚ひき肉 … 60g
くるみ … 5粒：粗く砕く
中華麺 … 2袋
チンゲン菜 … 1株：縦4等分に切る
長ねぎ … 適量：白髪に切る
A 砂糖・しょうゆ … 各小さじ2
B おろしにんにく … 小さじ¼
鶏ガラスープの素 … 小さじ4
白練りごま … 大さじ2
しょうゆ … 大さじ1
砂糖・酢 … 各小さじ2
水 … 1カップ
C 辛旨ラー油 … 大さじ3
豆乳 … 2カップ
粗びき黒こしょう … 適量

作り方

1. フライパンを中火で熱し、ひき肉、くるみを炒める。肉の色が変わったら**A**を加えてなじませる。
2. 鍋に**B**を入れて中火にかけ、ひと煮立ちしたら**C**を加える。
3. 別の鍋で中華麺を袋の表示通りにゆでる。残り30秒になったらチンゲン菜を加えていっしょにゆでる。
4. 器に③を盛り、②を注いで①をのせる。白髪ねぎを添え、粗びき黒こしょうをふる。好みで辛旨ラー油、花椒をふる。

本格的な1杯が自宅で手軽に

辛旨POINT 仕上げに、さらに一味唐辛子をふると辛さマシマシ！

むっちり太麺をアジアン風に

桜えびの極辛旨あえ麺

極辛

材料 (2人分)

中華麺 (つけ麺または冷やし中華用)
　… 2袋：ゆでて冷水に取る
桜えび … 大さじ3
長ねぎ … 10㎝：白髪に切る
パクチー … 3株：ざく切り
ピーナッツ … 大さじ3：粗く刻む
A｜辛旨ラー油 … 大さじ3〜4
　｜ごま油・湯 … 各大さじ1
　｜鶏ガラスープの素 … 小さじ2
塩・粗びき黒こしょう … 各少々

作り方

1. 桜えびは耐熱皿に広げ、ラップをかけずに電子レンジで20秒加熱する。
2. ボウルにAを入れて混ぜ、ゆでた中華麺、①、パクチー、ピーナッツを加えてあえる。塩で味をととのえる。
3. 器に盛り、白髪ねぎを添えて粗びき黒こしょうをふる。好みでレモンを添える。

誠's POINT

桜えびの旨みが麺によくからんで…これは旨い！

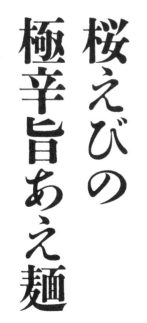

すっぱ辛いがクセになる

辛旨トマト 酸辣湯麺《スーラータンメン》

辛

材料（2人分）

鶏ささみ … 1本：細切り
ロースハム … 1枚：細切り
トマト … 1個：大きめのひと口大に切る
長ねぎ … $\frac{1}{3}$本：斜め薄切り
しいたけ … 2個：薄切り
卵 … 1個：溶きほぐす
中華麺 … 2袋
A 辛旨ラー油 … 大さじ3
　鶏ガラスープの素 … 大さじ2
　しょうゆ … 大さじ1
　酢 … 大さじ5
　水 … 3カップ
　こしょう … 多めに適量
片栗粉 … 大さじ2：同量の水で溶く
粗びき黒こしょう … 適量

作り方

1. 鍋にささみ、ハム、トマト、長ねぎ、しいたけ、**A**を入れて強火にかけ、ひと煮立ちしたら水溶き片栗粉を加えてとろみをつける。溶き卵を流し入れ、ふんわりと火を通す。
2. 別の鍋で中華麺を袋の表示通りにゆでる。器に盛り、①をかけて粗びき黒こしょうをふる。

辛旨 POINT　辛いモノ好きなら仕上げに辛旨ラー油をひと回し！

大辛

ひと味違うちょっぴり和風
まかない風
辛旨みそペペロンチーノ

材料（2人分）

スパゲティ … 200g
にんにくの薄切り … 2片分
細ねぎの小口切り … 適量
塩 … 適量
酒 … 大さじ2
A 辛旨ラー油 … 大さじ2〜3
　みそ … 大さじ1
サラダ油 … 大さじ1

作り方

1. スパゲティは塩を加えた熱湯で袋の表示通りにゆでる（ゆで汁は½カップ取りおく）。
2. フライパンにサラダ油、にんにくを入れて弱火にかけ、香りが出てきたら酒を加え、中火にする。アルコールがとんだら①のゆで汁½カップ、**A**を加えてゆすりながらなじませる。
3. ①の湯をきって加え、塩少々で味をととのえる。器に盛り、細ねぎを散らす。

辛旨 POINT ソースに種を取った赤唐辛子を加えれば見た目も華やかに。しかしコレ旨すぎ！ 作った人呼んで（笑）

とろっとチーズの辛旨シーフードドリア

辛 🔥（3段階中1）

材料（2人分）

サーモンの切り身 … 1枚：
　食べやすく切る
冷凍シーフードミックス … 200g：
　解凍する
玉ねぎ … ¼個：薄切り
しめじ … ¼パック：小房に分ける
ほうれん草 … 1株：3cm幅に切る
ご飯 … 茶碗2杯分
塩・こしょう … 各適量
顆粒コンソメ … 小さじ½
バター … 30g
小麦粉 … 20g
A｜牛乳 … 1と½カップ
　｜顆粒コンソメ … 小さじ1
ピザ用チーズ … 40g
辛旨ラー油 … 大さじ1～2
オリーブ油 … 大さじ1

作り方

1. サーモンは塩ひとつまみ、こしょう少々をふる。
2. フライパンにオリーブ油を中火で熱し、ご飯を炒める。全体に油がまわったら塩、こしょう各少々、顆粒コンソメを加えてさらに炒め、耐熱容器に移す。
3. ②のフライパンにバター10gを溶かし、①、シーフードミックスを中火で炒めていったん取り出す。
4. ③のフライパンにバター20gを溶かし、玉ねぎ、しめじを中火で炒める。しんなりしたら小麦粉を加え、粉っぽさがなくなったら**A**を加えてとろみがつくまで煮る。③を戻し入れ、ほうれん草を加える。
5. ②に④をかけてピザ用チーズをのせる。辛旨ラー油を回しかけ、オーブントースターで焼き目がつくまで焼く。

誠's POINT

辛さをアップしたい方は、Aに辛旨ラー油小さじ2を加えてみて！

辛旨マルゲリータ温玉のせ

辛

市販のピザクラストを使って超手軽

材料（2人分）

トマト … 1個：半分に切って薄切り
モッツァレラチーズ … 100g：
半分に切って薄切り
バジル … 1枝
温泉卵 … 2個
市販のピザクラスト … 直径約 20cm 2 枚
塩 … 少々
オリーブ油・辛旨ラー油 … 各大さじ1

作り方

1. ピザクラストにトマト、モッツァレラチーズをのせて塩をふり、オリーブ油、辛旨ラー油を回しかける。魚焼きグリルまたはオーブントースターで香ばしく焼く。
2. バジルをちぎって散らし、温泉卵をのせる。

辛旨 POINT 「ピザにラー油 !?」と思ったあなた！ これがばっちり旨いのよ

COLUMN

辛いもの好きには
たまらない

激辛カクテル

赤唐辛子やタバスコはお酒にもマッチ。ピリッと辛くてさわやかな味がクセになる！

仕上げに一味唐辛子を
ふるとさらに刺激的！

ピリ辛 ブラッディメアリー

材料（1人分）

トマトジュース … 適量
A ｜ウォッカ・タバスコ … 各大さじ1
｜塩 … ひとつまみ
氷・レモンの輪切り … 各適量

作り方

グラスに氷、**A**を入れ、トマトジュースを注ぐ。レモン、好みで半分に切って種を取った赤唐辛子を添える。

赤唐辛子の量を
増やすと辛さアップ

スパイシー モヒート

材料（1人分）

A ｜赤唐辛子 … 3本：
｜　半分に切って種を取る
｜ホワイトラム … 大さじ2
｜ミント … たっぷりひとつかみ
｜砂糖 … 小さじ2
氷・炭酸水 … 各適量

作り方

グラスに**A**を入れてマドラーで混ぜる。砂糖が溶けたら氷を加え、炭酸水を注ぐ。

その三

NAKAMOTO KARAUMA RECIPE

赤唐辛子と一味唐辛子

いつも食べる定番メニューも、たっぷりの唐辛子で辛旨味に変えると気分一新。食欲をそそる真っ赤な色は、元気になりたいとき、リフレッシュしたいときなどにも役立てたい。

ビールがぐいぐいすすむ!

夏野菜の
辛旨みそ漬け

辛

材料（作りやすい分量）

きゅうり … ½本：長さ半分に切り、
縦4等分に切る
みょうが … 2個：縦4等分に切る
黄パプリカ … ¼個：1cm幅に切る
A｜一味唐辛子 … 小さじ½
｜みそ・みりん … 各大さじ1
｜塩昆布 … 大さじ½

作り方

ポリ袋に **A** を入れてよく混ぜ、野菜を加えてもみ込む。空気を抜いて袋の口を閉じ、冷蔵室に1時間以上おく。食べるときにみそを軽くぬぐう。

辛旨 POINT 好きな野菜でアレンジ OK。おすすめはセロリ!

中華風甘酢漬け常備菜

辛旨辣白菜《ラーパーツァイ》

大辛

材料（作りやすい分量）

白菜 … ⅒個（200g）：細切り
しょうがのせん切り … ½かけ分
塩 … ふたつまみ
A｜赤唐辛子 … 4本：種を取る
｜砂糖 … 大さじ1と½
｜塩 … 小さじ¼
｜酢 … 大さじ2と½
ごま油 … 大さじ1

作り方

1. 白菜は塩をもみ込み、15分おいて水けを絞る。赤唐辛子はぬるま湯に5分つけてもどし、小口切りにする。
2. ボウルに **A** を入れ、白菜、しょうがを加えて混ぜる。
3. フライパンにごま油を中火で熱し、軽く煙が出てきたら②に回しかける。さっくりと混ぜ合わせ、2〜3時間おく。

辛旨 POINT 日持ちは冷蔵で3〜4日。きゅうりで作っても旨い!

ひと口食べたら止まらない

辛旨バターコーン

辛

材料（2人分）

ホールコーン … 200g
バター … 30g
赤唐辛子 … 2本：種を取る
しょうゆ … 小さじ2
粗びき黒こしょう … 適量

作り方

1. 赤唐辛子はぬるま湯に5分つけてもどし、小口切りにする。
2. フライパンにバター15gを溶かし、①、コーンを中火で炒める。焼き色がついたらしょうゆを加えて炒め合わせる。バター15gをのせて粗びき黒こしょうをふる。

辛旨 POINT ビールといっしょに……旨い！

ほんのりカレー風味があとを引く

辛旨スパイシーフライドポテト

大辛

材料（2人分）

冷凍フライドポテト … 300g
A 一味唐辛子 … 大さじ½
カレー粉 … 小さじ1
塩 … 小さじ⅓
鶏ガラスープの素 … ひとつまみ
揚げ油 … 適量

作り方

1. ボウルに**A**を合わせる。
2. 鍋に揚げ油を180℃に熱し、ポテトを揚げる。きつね色になったら油をきって①に加え、からめる。

辛旨 POINT P.23の辛旨ラー油マヨをディップしても旨い！

汗が噴き出る辛さがクセになる

砂肝と長ねぎの辛旨アヒージョ

大辛

材料（2人分）

砂肝 … 8個：皮と筋を取る
長ねぎ … ½本：2㎝幅に切る
にんにく … 3片：たたいてつぶす
塩 … 適量
A 赤唐辛子 … 5本：半分に切って種を取る
塩 … 小さじ¼
オリーブ油 … 大さじ8
顆粒コンソメ … 小さじ½
一味唐辛子 … 少々

作り方

1. 砂肝は、塩ふたつまみをもみ込む。
2. スキレットまたは小さめのフライパンに①、長ねぎ、にんにく、**A**を入れて中火にかける。油がふつふつとしてきたら火を弱め、7～8分加熱する。コンソメ、塩少々を加えて味をととのえ、一味唐辛子をふる。

誠's POINT

コレは、ぶっちゃけにんにくを入れれば入れるほど旨い！

肉だねに一味唐辛子をたっぷり

肉汁ジューシー辛旨餃子

大辛

材料（30個分）

合いびき肉 … 200g
キャベツ … 1枚（50g）：みじん切り
にら … 30g：みじん切り
長ねぎのみじん切り … ⅓本分（30g）
餃子の皮 … 30枚
A 鶏ガラスープの素 … 小さじ1
水 … 大さじ3
B おろししょうが … 小さじ½
一味唐辛子 … 大さじ½
オイスターソース … 大さじ1
塩 … ひとつまみ
ラード … 小さじ2
C 酢・粗びき黒こしょう … 各適量
一味唐辛子 … 適量
ごま油 … 大さじ1

作り方

1. ボウルにひき肉、**A**を入れてよく混ぜる。全体がなじんだら15分おき、キャベツ、にら、長ねぎ、**B**を加えてよく混ぜる。餃子の皮で均等に包む。
2. フライパンにごま油を中火で熱し、①を並べる。焼き色がついたら熱湯¾カップ（分量外）を回し入れ、ふたをして5分蒸し焼きにする。ふたを取り、水分をとばす。
3. 器に盛り、**C**を添える。

辛旨POINT 和辛子で食べてもGOOD！

白身魚の辛旨バターソテー

辛

材料（2人分）

白身魚の切り身 … 2切れ

A
- ハーブソルト … 適量
- 一味唐辛子 … ふたつまみ

小麦粉 … 適量

B
- 一味唐辛子 … 小さじ1
- バター … 40g
- おろしにんにく … 小さじ½
- 白ワイン … 大さじ2
- ハーブソルト … 少々

ミックスリーフ … 適量

オリーブ油 … 大さじ1

作り方

1. 白身魚は水けを拭いて**A**をふり、小麦粉を薄くまぶす。
2. フライパンにオリーブ油を中火で熱し、①を皮目から並べ入れる。焼き色がついたら上下を返し、火を弱めて4～5分焼いて器に盛る。
3. ②のフライパンに**B**を入れて中火にかけて煮つめ、とろみがついたら②にかける。ミックスリーフ、好みでレモンを添える。

バターのコクと唐辛子が
淡泊な旨みを引き立てる

辛旨 POINT　白身魚は鯛やいさきなどなんでも。皮から焼くと皮目パリパリで身はふんわりに！

HOTトマトソースがアクセント

チキンとアスパラの極辛旨ディアボロソテー

極辛

その三 ▼ NAKAMOTO KARAUMA RECIPE

赤唐辛子と一味唐辛子

材料（2～3人分）

鶏むね肉 … 1枚：ひと口大のそぎ切り
グリーンアスパラガス … 4本：
　筋を取り3等分に切る
A ｜塩 … ふたつまみ
　｜こしょう … 少々
小麦粉 … 適量
赤唐辛子 … 6本：半分に切って種を取る
B ｜水煮トマト缶 … ½缶（200g）
　｜顆粒コンソメ … 大さじ½
　｜おろしにんにく … 小さじ1
　｜一味唐辛子 … 小さじ1
塩 … 少々
オリーブ油 … 大さじ3

作り方

1. 鶏肉は**A**をふり、小麦粉を薄くまぶす。
2. フライパンにオリーブ油大さじ1と½を中火で熱し、①、アスパラを並べ入れる。焼き色がついたら上下を返し、同様に焼いて器に盛る。
3. ①のフライパンにオリーブ油大さじ1と½、赤唐辛子を入れて弱火にかけ、辛みが出るまで1分ほど炒める。**B**を加えて中火で1～2分、トマトをつぶすように煮つめ、塩で味をととのえる。鶏肉にかける。

辛旨 POINT 赤唐辛子は焦がさないように！ 焦らずじっくり炒めて辛さと旨さを引き出して

辛旨みそカツ

大辛

材料（2人分）

豚ロース肉とんかつ用 … 2枚：数か所筋を切る
塩・こしょう … 各少々

A
- 赤みそ … 大さじ2
- 赤唐辛子 … 2本：半分に切って種を取る
- 一味唐辛子 … 大さじ½
- 砂糖 … 大さじ1と½
- おろしにんにく … 小さじ½
- 水 … 大さじ4
- みりん … 大さじ1

B
- 小麦粉 … 大さじ4
- 溶き卵 … 1個分
- 水 … 大さじ1

小麦粉・パン粉 … 各適量
キャベツ … 適量：せん切り
揚げ油 … 適量

作り方

1. 豚肉は塩、こしょうをふる。小鍋に**A**を入れて弱火にかけ、混ぜながらひと煮立ちさせてみそダレを作る。
2. ボウルに**B**を合わせ、小麦粉をまぶした豚肉をくぐらせてパン粉をつける。
3. 鍋に揚げ油を170℃に熱し、②をきつね色に揚げる。
4. 器にキャベツ、食べやすく切った③を盛り、①をかける。

タイの定番春雨サラダ
野菜たっぷり極辛旨ヤムウンセン

極辛

材料（2人分）

豚ひき肉 … 40g
えび … 6尾：
　殻をむいて背わたを取る
にんじん … ⅛本：せん切り
セロリ … ⅙本：薄切り
紫玉ねぎ … ¼個：薄切り
乾燥きくらげ … 3g
春雨 … 40g：熱湯でもどす
赤唐辛子 … 8本：種を取る
A おろしにんにく … 小さじ¼
　ナンプラー … 大さじ1と½
　オイスターソース … 大さじ½
　レモン汁 … 大さじ1と½
　砂糖 … 大さじ1
水 … ¼カップ
パクチー … 適量：ざく切り
サラダ油 … 大さじ1

作り方

1. きくらげは水でもどし、食べやすく切る。赤唐辛子はぬるま湯に5分つけてもどし、小口切りにする。
2. 鍋にサラダ油、赤唐辛子を入れて弱火にかけ、10秒ほど炒める。中火にして水、ひき肉、えびを加え、えびに火が通ったらにんじん、セロリ、紫玉ねぎ、きくらげ、春雨、合わせた**A**を加えてあえる。
3. 器に盛り、パクチーをのせる。

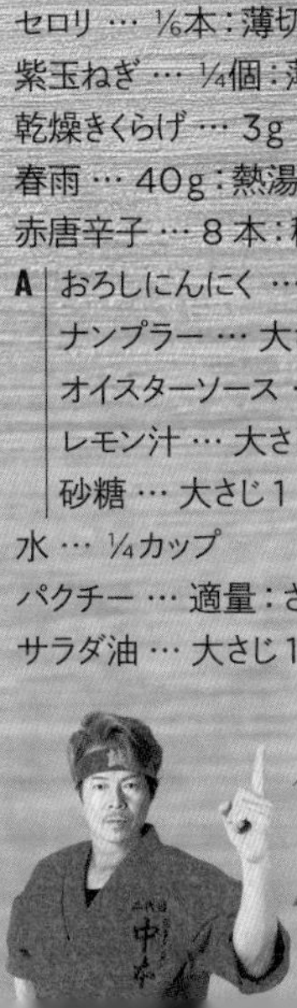

誠's POINT

仕上げに辛旨ラー油を回しかけて辛さ＆香りアップ！

鮭の辛旨エスニック南蛮漬け

定番作りおきもアジアン風に

辛

材料（2人分）

生鮭の切り身 … ２切れ：ひと口大に切る
玉ねぎ … ½個：薄切り
にんじん … ¼本：細切り
パクチー … 1株：ざく切り
レモン … ½個：薄い半月切り
小麦粉 … 適量
A 赤唐辛子 … ２本：半分に切って種を取る
　一味唐辛子 … ふたつまみ
　砂糖・酢・水 … 各大さじ1
　ナンプラー … 小さじ４
揚げ油 … 適量

作り方

1. 鮭は小麦粉をまぶす。ボウルに**A**を合わせる。
2. 鍋に揚げ油を180℃に熱し、①の鮭をカラッと揚げる。熱いうちに**A**に加え、玉ねぎ、にんじん、レモンも加えて冷蔵室で２～３時間おく。器に盛り、パクチーを散らす。

辛旨 POINT Aににんにくのすりおろし少々を入れるとスタミナ感UP！

その三▼ NAKAMOTO KARAUMA RECIPE

赤唐辛子と一味唐辛子

パクチー香る旨セビーチェ

南米流の魚介マリネ

辛

材料（2人分）

白身魚の刺身（鯛など）…
　8切れ（約80g）：2㎝角に切る
紫玉ねぎ … 1/8個：
　薄切りにして水にさらす
パクチー … 2株：ざく切り
A｜赤唐辛子 … 2本：種を取る
　｜レモン汁・オリーブ油 … 各大さじ1
　｜おろしにんにく … 小さじ1/4
　｜塩 … ふたつまみ

作り方

1. 赤唐辛子はぬるま湯に5分つけてもどし、粗く切る。
2. ボウルに**A**を入れて混ぜる。刺身、紫玉ねぎ、パクチーを加えてさっくりと混ぜ合わせ、冷蔵室に15分おく。

辛旨 POINT　スーパーのお刺身盛り合わせも本格的な味に早変わり。レモンはライムやすだちでもお好みで

いつもの鶏唐揚げを四川風に

極辛旨辣子鶏《ラーズーチー》

極辛

材料 (2人分)

鶏もも肉(あれば骨つき)… 300〜400g:食べやすい大きさに切る
長ねぎ … 1本:1.5㎝幅に切り、青い部分と白い部分を分ける
にんにく … 1片:包丁の腹でつぶす
A
- おろししょうが … 小さじ½
- 塩 … ひとつまみ
- しょうゆ … 大さじ1

花椒(ホール・あれば)… 小さじ1
赤唐辛子 … 15g:半分に切って種を取る
B
- 鶏ガラスープの素 … ひとつまみ
- 塩・砂糖 … 各ひとつまみ
- 酒 … 大さじ1

片栗粉・揚げ油 … 各適量
サラダ油 … 大さじ2

作り方

1. 鶏肉は **A** をもみ込む。
2. 鍋に揚げ油を170℃に熱し、①に片栗粉をまぶして入れる。3〜4分たったら最後に強火にして、カラッと揚げる。
3. フライパンにサラダ油、にんにくを入れて弱火にかけ、30秒ほどじっくり炒める。花椒、赤唐辛子、長ねぎの白い部分を加えて1分ほど炒める。
4. 十分に香りがたったら強火にして長ねぎの青い部分、**B** を加え、さっくりと炒め合わせる。②を加え、全体をからめる。

辛旨 POINT 鶏もも肉は手に入れば骨つきのものを。旨みが違うよ!

辛旨ヤムニョムみそチキン

大辛

ビールにもご飯にも合う

材料 (2人分)

鶏もも肉 … 1枚(250g):ひと口大に切る
A
- おろししょうが … 小さじ½
- おろしにんにく … 小さじ½
- コチュジャン・みそ … 各大さじ1
- 一味唐辛子 … 小さじ2
- 砂糖 … 大さじ1と½
- 酢 … 小さじ1
- 水 … 大さじ2

白いりごま … 小さじ2
片栗粉・揚げ油 … 各適量

作り方

1. 水けを拭いた鶏肉に片栗粉をまぶす。ボウルに **A** を合わせる。
2. 鍋に揚げ油を170℃に熱し、①の鶏肉を4〜5分カラッと揚げる。熱いうちに **A** に加えてからめ、白いりごまを加えてあえる。

誠's POINT

韓国のヤンニョムチキンに日本のみそが合わさると味に奥行きが出るよ!

2024 winter **飛鳥新社のベストセラー**

最新刊

変な家2 ～11の間取り図～

【著】雨穴

シリーズ累計100万部突破!!

社会現象を巻き起こす
”間取りミステリー“
待望の第2弾！

978-4-86410-982-6／1,650円

行先のない廊下、ネズミ捕りの家、逃げられないアパート……中部・北関東地方に散らばる11の奇妙な家。一見、それぞれの家は無関係に思えるが、注意深く読むと、一つのつながりが浮かび上がってくる。前作に続き、フリーライターの「筆者」と設計士・栗原のコンビが新たな謎に挑む！

このたびは飛鳥新社の本をお購入いただきありがとうございます。今後の出版物の参考にさせていただきますので、以下の質問にお答え下さい。ご協力よろしくお願いいたします。

■この本を最初に何でお知りになりましたか

1.新聞広告（　　　　　　新聞）
2.webサイトやSNSを見て（サイト名
3.新聞・雑誌の紹介記事を読んで（紙・誌名
4.TV・ラジオで　5.書店で実物を見て　6.知人にすすめられて
7.その他（

■この本をお買い求めになった動機は何ですか

1.テーマに興味があったので　2.タイトルに惹かれて
3.装丁・帯に惹かれて　4.著者に惹かれて
5.広告・書評に惹かれて　6.その他（

■本書へのご意見・ご感想をお聞かせ下さい

■いまあなたが興味を持たれているテーマや人物をお教え下さい

※あなたのご意見・ご感想を新聞・雑誌広告や小社ホームページ・SNS上で
1.掲載してもよい　2.掲載しては困る　3.匿名ならよい

ホームページURL https://www.asukashinsha.co.jp

郵 便 は が き

63円切手を
お貼り
ください

101-0003

東京都千代田区一ツ橋2-4-3
光文恒産ビル2F

（株）飛鳥新社　出版部　読者カード係行

フリガナ ご氏名	性別　男・女 年齢　　　歳
フリガナ ご住所〒 TEL　　　（　　　）	
お買い上げの書籍タイトル	
ご職業　1.会社員　2.公務員　3.学生　4.自営業　5.教員　6.自由業 7.主婦　8.その他（　　　　　　　）	
お買い上げのショップ名　　　　所在地	

ご記入いただいた個人情報は、弊社出版物の資料目的以外で使用することは
りません。

その三▼ NAKAMOTO KARAUMA RECIPE

赤唐辛子と一味唐辛子

辛旨みそモツ煮

辛

材料（作りやすい分量）

豚モツ … 200g：2回ゆでこぼす
大根 … 3㎝（150g）：厚めのいちょう切り
にんじん … ¼本：厚めのいちょう切り
ごぼう … ¼本：斜め薄切り
しょうが … 1かけ：皮つきのまま薄切り
長ねぎ … ½本：青い部分はとっておき、白い部分は小口切り
こんにゃく … ½枚（100g）：食べやすく手でちぎる
酒 … 大さじ2
A
赤唐辛子 … 5本：半分に切って種を取る
みそ … 大さじ4
砂糖・みりん … 各大さじ2
一味唐辛子・しょうゆ … 各小さじ1

作り方

1. 鍋にモツ、しょうが、長ねぎの青い部分、酒を入れてかぶるくらいの水を加え、中火にかける。ひと煮立ちしたらアクを取り、モツがやわらかくなるまで弱火で1時間ほど煮る。

2. 長ねぎ、しょうがを取り除き、根菜、こんにゃくを加えて中火にする。ひと煮立ちしたら火を弱め、15分煮る。**A**を加えて中火でさらに10分煮たら、火を止めて味をなじませる。

3. 温めて器に盛り、小口切りにした長ねぎをのせる。

辛旨 POINT 手に入れば牛モツ（シマチョウ）で作っても激旨！

その三 NAKAMOTO KARAUMA RECIPE

極辛

牛肉の極辛旨唐辛子煮込み

激熱油が引き出す辛み&旨み

赤唐辛子と一味唐辛子

材料（2人分）

牛もも焼き肉用肉 … 120g
溶き卵 … ½個分
白菜 … 2枚（約100g）：食べやすく切る
まいたけ … ½パック：食べやすくほぐす
A しょうゆ … 小さじ2
塩 … ひとつまみ
こしょう … 少々
片栗粉 … 大さじ1と½
B 赤唐辛子 … 5本：半分に切って種を取る
一味唐辛子 … 小さじ1
おろしにんにく … 小さじ1
おろししょうが … 小さじ½
豆板醤 … 大さじ1
C 水 … 1カップ
鶏ガラスープの素 … 小さじ¼
オイスターソース … 小さじ2
しょうゆ・砂糖 … 各小さじ1
塩 … ひとつまみ
一味唐辛子 … 大さじ2
花椒（粗びき）… 適量
ごま油 … 大さじ½
サラダ油 … 大さじ4

作り方

1. 牛肉は**A**をもみ込み、溶き卵を少しずつ加えてなじませる。片栗粉を加える。
2. フライパンに**B**を入れて弱火にかけ、焦がさないように炒める。香りが出てきたら豆板醤を加え、焦がさないように炒め合わせる。**C**を加えて中火にし、ひと煮立ちしたら①を1枚ずつ加え、肉の色が変わってとろみがつくまで煮る。
3. 別のフライパンにごま油を中火で熱し、白菜、まいたけを炒める。しんなりしたら塩をふり、器に盛る。温めた②をのせ、まんべんなく一味唐辛子をふる。
4. フライパンにサラダ油を熱し、軽く煙が立ったら③に回しかける。花椒をふる。

誠's POINT
四川の名物料理。濃厚な麻辣スープがクセになる！

辛旨みそスンドゥブチゲ

大辛

あさりと豚バラの旨み溶け出す

材料（2人分）

豚バラ薄切り肉 … 60g：
　食べやすく切る
あさり … 100g：砂抜きする
絹ごし豆腐 … 1丁
長ねぎ … ¼本：斜め切り
白菜キムチ … 100g
たらこ … 2腹：ほぐす
卵 … 2個
A｜コチュジャン・みそ … 各大さじ1
　｜一味唐辛子 … 大さじ1
　｜鶏ガラスープの素 … 小さじ1
　｜水 … 2カップ
ごま油 … 大さじ1

作り方

1人分ずつ作る。小鍋に**A**、豚肉、あさり、スプーンですくった豆腐、長ねぎ、白菜キムチを入れて中火にかける。あさりの口が開いたら、たらこを加え、卵を割り入れる。卵が好みのかたさになるまで火を通し、ごま油を回しかける。

辛旨 POINT　ごま油を辛旨ラー油に変えるとなお辛旨に！

極辛

花椒香る極辛旨麻婆豆腐

材料（2人分）

豚ひき肉 … 100g
絹ごし豆腐 … 1丁：
　2cm角に切って下ゆでする
長ねぎのみじん切り … ½本分
A しょうゆ … 大さじ1
　砂糖 … 大さじ½
赤唐辛子 … 4本：
　半分に切って種を取る
B おろしにんにく … 小さじ½
　おろししょうが … 小さじ½
　豆板醤 … 大さじ1
　一味唐辛子 … 小さじ2
C 水 … 1カップ
　鶏ガラスープの素 … 小さじ2
　しょうゆ・砂糖 … 各小さじ1
片栗粉 … 小さじ2：同量の水で溶く
花椒（粗びき）… 適量
ラード … 大さじ2
サラダ油 … 小さじ1

作り方

1. フライパンにサラダ油を中火で熱し、ひき肉を炒める。肉の色が変わったら**A**を加え、汁けがなくなるまで炒めていったん取り出す。
2. フライパンにラード、赤唐辛子を入れて弱火にかける。焦がさないように炒めて**B**を加え、さらに炒める。
3. **C**、①、豆腐、長ねぎ¾量を加え、中火で2～3分煮て水溶き片栗粉でとろみをつける。器に盛り、花椒、残りの長ねぎをふる。

鋭い辛さがやみつきに

辛旨POINT 花椒でしびれる辛さ！ まさに本場・四川の味わい

ダブル一味が決め手!

辛

海鮮たっぷり辛旨お好み焼き

材料（2人分）

冷凍シーフードミックス 200g：
　解凍して水けを拭く
キャベツ … 4枚（200g）：細切り
にら … ¼束：2㎝長さに切る
A｜一味唐辛子 … 小さじ2
　｜卵 … 2個
　｜小麦粉 … 50g
　｜和風顆粒だしの素 … 小さじ2
　｜水 … ½カップ
お好み焼きソース・青のり・
　かつお節・一味唐辛子 … 各適量
サラダ油 … 大さじ2

作り方

1. ボウルに**A**を入れて混ぜ、シーフードミックス、キャベツ、にらを加えてさっくりと混ぜる。
2. フライパンにサラダ油を中火で熱し、①を流し入れる。焼き色がついたら上下を返し、軽く押さえながら香ばしく焼く。
3. 器に盛り、ソースをかけ、好みでマヨネーズを絞る。青のり、かつお節、一味唐辛子をふる。

辛旨POINT 生地とソースの両方に一味唐辛子を入れることで辛みがぼやけない!

簡単めちゃ旨!

辛旨目玉 明太マヨトースト

辛

材料(2人分)

食パン(4枚切り)…2枚
卵…2個
A 一味唐辛子…小さじ¼
　辛子明太子…1腹(約30g)
　マヨネーズ…大さじ4
バター…10g

作り方

1. 食パンにバターを塗り、中央にスプーンの背などでくぼみを作る。
2. Aを混ぜて食パンの縁にのせ、真ん中に卵を割り入れる。オーブントースターで7～8分、卵が好みのかたさになるまで焼く。器に盛り、好みで青のりをふる。

辛旨 POINT 卵が流れないように明太マヨで囲いを作るように!

コク&マイルド

辛旨みそマヨ 卵焼きサンド

辛

材料(2人分)

食パン(8枚切り)…4枚
卵…4個:溶きほぐす
きゅうり…½本:斜め薄切り
A 牛乳…大さじ1
　塩…ひとつまみ
　砂糖…小さじ2
B 一味唐辛子…小さじ½
　みそ…小さじ1
　マヨネーズ…大さじ2
バター…5g
サラダ油…小さじ2

作り方

1. ボウルに溶き卵、Aを入れて混ぜる。
2. フライパンにサラダ油を中火で熱し、①を流し入れてかためのスクランブルエッグを作る。
3. 食パン4枚を広げ、2枚にバター、残り2枚に合わせたBを塗る。バターの方にきゅうりを並べ、②をのせてサンドし、食べやすく切る。

辛旨 POINT できたてはもちろん、さめてもおいしい!

大辛

辛旨ガパオライス

鶏ひき肉と卵のハーモニー

材料（2人分）

- 鶏ひき肉 … 200g
- 卵 … 2個
- 玉ねぎ … ¼個：1cm四方に切る
- ピーマン … 1個：1cm四方に切る
- 赤パプリカ … ¼個：1cm四方に切る
- おろしにんにく … 小さじ¼
- 赤唐辛子 … 5本：種を取り、ぬるま湯に5分つけてもどし、小口切り
- **A**
  - ナンプラー … 大さじ1
  - オイスターソース … 大さじ2
  - 一味唐辛子 … 小さじ1
  - 砂糖 … 小さじ2
- ご飯 … 茶碗2杯分
- サラダ油 … 大さじ2

作り方

1. フライパンにサラダ油大さじ1、赤唐辛子、おろしにんにくを入れて弱火にかける。香りが出たらひき肉を加えて中火にし、押しつけるように炒める。肉の色が変わったら野菜を加え、全体に油がまわったら**A**を加えて調味する。
2. 別のフライパンにサラダ油大さじ1を中火で熱し、卵を割り入れて目玉焼きを作る。
3. 器にご飯を盛り、①をかけて②をのせる。

辛旨 POINT　Aの調味料に一味唐辛子を加えて辛旨マシ！

辛旨チーズキーマカリー

大辛

材料（2人分）

合いびき肉 … 200g
玉ねぎ … 1個：みじん切り
トマト … 2個：粗みじん切り
おろしにんにく … 小さじ1
赤唐辛子 … 10本：半分に切って種を取る
一味唐辛子 … 大さじ2
A | 顆粒コンソメ … 小さじ2
　| 塩 … ひとつまみ
　| 水 … 2カップ
カレールウ … 30～40g
ピザ用チーズ … 40g
ご飯 … 茶碗2杯分
サラダ油 … 大さじ1

作り方

1. フライパンにサラダ油、赤唐辛子を入れて弱火にかけ、焦がさないように炒める。香りが出てきたら中火にして一味唐辛子、おろしにんにく、ひき肉を加えて炒める。
2. 肉の色が変わったら玉ねぎを加えて2分ほど炒め、トマトを加えて炒め合わせる。**A**を加え、ひと煮立ちしたら火を弱めて5分煮る。
3. カレールウを加え、とろみがついたらピザ用チーズを加えて火を止め、余熱で溶かす。器にご飯を盛り、カレーをのせる。好みでパセリのみじん切りをふる。

市販ルーでも
辛さがキマる

誠's POINT

ご飯だけでなく、カレーソースとしてゆで卵やブロッコリーにかけても◎

辛旨ボンゴレビアンコ

大辛

殻つきあさりの旨みたっぷり

材料（2人分）

あさり … 200g：砂抜きをする
スパゲティ … 200g
にんにく … 4片：たたいてつぶす
赤唐辛子 … 8本：半分に切って種を取る
白ワイン … 大さじ3
A｜塩・こしょう … 各少々
｜顆粒コンソメ … 少々
｜昆布茶（あれば）… 小さじ1
パセリのみじん切り … 適量
オリーブ油 … 大さじ4

作り方

1. スパゲティは塩を加えた熱湯で袋の表記通りにゆでる（ゆで汁は½カップ取りおく）。
2. フライパンに、にんにく、オリーブ油を入れて弱火にかけ、2分ほどじっくり炒める。にんにくがやわらかくなったら赤唐辛子を加えてさらに1分炒め、中火にして白ワインを加えてアルコールをとばす。あさり、①のゆで汁½カップを加え、フライパンをゆすってなじませる。
3. 湯をきったスパゲティを加え、**A**を加えて味をととのえる。器に盛り、パセリを散らす。

辛旨 POINT　仕上げに一味唐辛子をふると辛さアップ

辛旨スパイシービシソワーズ

辛

じゃがいもと玉ねぎの甘み引き立つ

材料（2人分）

じゃがいも … 1個：薄い輪切り
玉ねぎ … ½個：薄切り
バター … 15g
一味唐辛子 … 小さじ½
水 … ¾カップ
A｜牛乳 … ¾カップ
｜顆粒コンソメ … 小さじ1
塩・こしょう … 各少々
パセリのみじん切り … 適量
クルトン（あれば）… 適量

作り方

1. 鍋にバター、一味唐辛子を入れて弱火にかけ、30秒ほど炒める。バターが色づいたらじゃがいも、玉ねぎを加え、中火にして炒める。野菜が透き通ったら水を加え、ひと煮立ちしたらふたをして弱火で15分煮る。
2. ミキサーまたはハンドブレンダーで①を滑らかになるまで攪拌し、鍋に戻して**A**を加える。塩、こしょうで味をととのえ、粗熱が取れたら冷蔵室で冷やす（温かいままでもよい）。
3. 器に盛り、パセリ、クルトンを散らす。

誠's POINT

ビシソワーズは冷製ですが、温かいスープとして飲んでもGOOD

具だくさん辛旨豚汁

辛

材料（作りやすい分量）

豚バラ薄切り肉 … 100g：2cm長さに切る
大根 … 5cm（200g）：いちょう切り
にんじん … ½本：いちょう切り
ごぼう … ½本：ささがき
長ねぎ … ½本：1cm幅のぶつ切り
しいたけ … 3個：薄切り
赤唐辛子 … 5本：
　半分に切って種を取る
にんにくの薄切り … 2片分
水 … 4カップ
A｜みそ … 大さじ3
　｜和風顆粒だしの素 … 小さじ2
　｜一味唐辛子 … 大さじ½
ごま油 … 大さじ2

作り方

1. 鍋にごま油、赤唐辛子、にんにくを入れて弱火にかける。30秒ほど炒めたら野菜、しいたけを加え、中火にして炒める。
2. 全体に油がまわったら豚肉を加えて炒め、肉の色が変わったら水を加える。ひと煮立ちしたらアクを取り、弱火で10分煮る。
3. 野菜がやわらかくなったら**A**を加え、ひと煮立ちさせて火を止める。

辛旨POINT 一味や七味をかけるだけよりも深い辛さと味わいに

極辛

えびと豚バラの極辛旨トムヤム鍋

海の幸、山の幸の旨みたっぷり

材料（2人分）

豚バラ薄切り肉 … 60g：食べやすく切る
有頭えび … 2尾：背わたを取る
絹ごし豆腐 … ½丁：ひと口大に手で崩す
レタス … ½玉：大きめにちぎる
トマト … 1個：くし形切り
しめじ … ½パック：小房に分ける
マロニー® … 20g
赤唐辛子 … 10本：半分に切って種を取る
A 水 … 3カップ
市販のトムヤムペースト … 20～30g
サラダ油 … 大さじ2

作り方

鍋にサラダ油、赤唐辛子を入れて弱火にかけ、香りが出てきたら**A**を加える。中火にしてひと煮立ちしたらレタスとトマト以外の具材を加えて5分ほど煮る。最後にレタスとトマトを加え、ひと煮立ちさせる。

辛旨 POINT 牛肉、鶏肉、貝……入れる具材はお好みでなんでもOK！

その四

NAKAMOTO KARAUMA RECIPE

辛旨作りおき

お酒にもご飯にも合う辛旨ベースをストックしておけば、いつでも辛味ざんまい。紹介する6つの作りおきは、和洋中さまざまにアレンジでき、具だくさんなので混ぜるだけ、のせるだけでもおいしく食べられる。

具材たっぷり作りおき 1

辛旨鶏そぼろ

大辛

保存
冷蔵で約５日
冷凍で約３週間

材料（作りやすい分量）

鶏ひき肉　200g
A｜一味唐辛子 … 小さじ２～３
｜おろししょうが … 小さじ２
｜鶏ガラスープの素 … 小さじ1
｜オイスターソース … 大さじ½
｜砂糖 … 小さじ1
サラダ油 … 大さじ1

作り方

フライパンにサラダ油を中火で熱し、ひき肉を炒める。肉の色が変わったら**A**を順に加え、水分がなくなるまで炒める。

アレンジ｜1

シャキシャキ食感が決め手

豆苗の辛旨そぼろ炒め

辛｜

材料（作りやすい分量）

辛旨鶏そぼろ … 大さじ２
豆苗 … 1パック：4cm長さに切る
塩・こしょう … 各少々
ごま油 … 大さじ1

作り方

フライパンにごま油を中火で熱し、豆苗、辛旨鶏そぼろを炒める。塩、こしょうで味をととのえる。

辛旨 POINT

空心菜でもおいしく作れます。
仕上げに一味唐辛子をふってもOK！

アレンジ｜2

味つけいらずの超時短レシピ

辛旨ふわとろ卵

辛｜

材料（作りやすい分量）

辛旨鶏そぼろ … 大さじ３
A｜卵 … ４個
｜牛乳 … 大さじ２
サラダ油 … 大さじ1

作り方

1. ボウルに**A**を入れてよく混ぜる。辛旨鶏そぼろを加え、さっと合わせる。
2. フライパンにサラダ油を中火で熱し、①を流し入れる。菜箸で大きく混ぜ、半熟になったら器に盛る。好みでちぎったレタス、マヨネーズを添える。

辛旨 POINT

トーストにのせてもサイコー！

好みの野菜と
いっしょに巻き巻き

アレンジ 3

辛旨そぼろ春巻き

辛

材料（2人分）

辛旨鶏そぼろ … 大さじ４
好みの野菜 … ３〜４種
（キャベツ、にら、にんじん、
しいたけなど）… 200g：細切り
春巻きの皮 … ４枚
水 … 大さじ２
塩・こしょう … 各少々
片栗粉 … 小さじ½：倍量の水で溶く
小麦粉 … 大さじ２：半量の水で溶く
揚げ油 … 適量
ごま油 … 大さじ1

作り方

1. フライパンにごま油を中火で熱し、野菜を炒める。しんなりしたら辛旨鶏そぼろを加え、炒め合わせる。水を加え、塩、こしょうで味をととのえる。水溶き片栗粉でとろみをつけて火を止め、粗熱を取る。
2. ①を４等分して春巻きの皮で包み、包み終わりを水溶き小麦粉でしっかり留める。
3. 鍋に揚げ油を170℃に熱し、②をきつね色に揚げる。

辛旨 POINT　味つけのときにラー油を加えると辛さ増し！

アレンジ 4

辛旨そぼろの温玉あえうどん

辛

材料（2人分）

辛旨鶏そぼろ … 大さじ6
冷凍うどん … 2袋：袋の表示通り解凍する
細ねぎの小口切り … 適量
温泉卵 … 2個
めんつゆ（3倍濃縮）・ラー油 … 各適量

作り方

温めたうどんを器に盛り、辛旨鶏そぼろ、細ねぎ、温泉卵をのせる。薄めためんつゆをかけ、ラー油を回しかける。

誠's POINT

お好みで刻んだ青じそを入れてもおいしい！

いつもとひと味違うパンチ力

アレンジ 5

辛旨そぼろの卵チャーハン

辛

材料（2人分）

辛旨鶏そぼろ … 大さじ5
卵 … 2個：溶きほぐす
細ねぎの小口切り … 4本分
ご飯 … 茶碗2杯分
A | 鶏ガラスープの素 … ふたつまみ
　| 塩・こしょう … 各少々
しょうゆ … 適量
ごま油 … 大さじ3

作り方

1. フライパンにごま油を中火で熱し、溶き卵を流し入れる。すぐに辛旨鶏そぼろ、ご飯を加え、ご飯をほぐすように炒め合わせる。
2. 細ねぎ、Aを加えてさらに炒め、しょうゆを鍋肌から回し入れてさっと混ぜる。

辛旨 POINT そぼろを混ぜるだけで辛さも味も一発で決まる。誰でも簡単！

シンプル具材で辛さを味わう

アレンジ 6

辛旨そぼろと白菜の中華丼

辛

材料（2人分）

辛旨鶏そぼろ … 大さじ 4
白菜 … 3 枚（300g）：3 ～ 4㎝四方のひと口大に切る
水煮うずらの卵 … 6 個
A｜鶏ガラスープの素 … 小さじ 2
　｜水 … 1カップ
塩・こしょう … 各少々
片栗粉 … 小さじ 2：同量の水で溶く
ご飯 … 茶碗 2 杯分
ごま油 … 大さじ 1

作り方

1. フライパンにごま油を中火で熱し、白菜を炒める。しんなりしたら辛旨鶏そぼろ、うずらの卵、Aを加えて白菜がやわらかくなるまで煮る。
2. 塩、こしょうで味をととのえ、水溶き片栗粉を加えてとろみをつける。
3. 器にご飯を盛り、②をかける。

にんじんやたけのこ、ピーマンなどお好みの野菜を加えてもOK

辛旨牛しぐれ

大辛

保存

冷蔵で約５日

冷凍で約３週間

材料（作りやすい分量）

牛切り落とし肉 … 200g：細かく切る
赤唐辛子 … ６本：種を取りちぎる
A | しょうゆ・酒 … 各大さじ２
　 | 砂糖 … 大さじ1と½

作り方

フライパンに牛肉、赤唐辛子を入れて中火にかけ（脂身が少ない肉の場合はサラダ油適量を加える）、肉の色が変わったら**A**を加え、水分がなくなるまで２～３分炒める。

アレンジ｜1

ごぼうがしみ旨ピリ辛

牛肉とごぼうの辛旨きんぴら

辛

材料（作りやすい分量）

辛旨牛しぐれ … 大さじ５
ごぼう … ½本：ささがき
酒 … 大さじ1
しょうゆ … 少々
ごま油 … 大さじ1

作り方

フライパンにごま油を中火で熱し、ごぼうを炒める。やわらかくなったら辛旨牛しぐれ、酒を加えてなじませ、しょうゆで味をととのえる。

辛旨 POINT
ご飯のおかずにもお酒のおつまみにもGOOD

アレンジ｜2

さっとレンチンで

牛肉とピーマンの辛旨あえ

大辛

材料（作りやすい分量）

辛旨牛しぐれ … 大さじ３
ピーマン … ３個：細切り
白いりごま … 小さじ1
塩 … 少々

作り方

耐熱ボウルに辛旨牛しぐれ、ピーマンを入れてラップをかけ電子レンジで1分加熱する。白いりごまを加えてあえ、塩で味をととのえる。

辛旨 POINT
ごま油でさっと炒めると香ばしく本格的！

アレンジ 3

ごま油香る辛旨チャプチェ

大辛

炒め合わせるだけで韓国の定番総菜

材料（2人分）

辛旨牛しぐれ … 大さじ5
ほうれん草 … 2株：4㎝長さに切る
にんじん … ¼本：細切り
玉ねぎ … ¼個：5㎜幅の薄切り
春雨 … 40g：ゆでる
A おろしにんにく … 小さじ½
鶏ガラスープの素 … 小さじ¼
しょうゆ … 小さじ1
白いりごま … 小さじ1
ごま油 … 大さじ1

作り方

フライパンにごま油を中火で熱し、にんじん、玉ねぎを炒める。全体に油がまわったらほうれん草、辛旨牛しぐれ、春雨、**A**を加えて炒め合わせる。器に盛り、白いりごまをふる。

誠's POINT

コレが弁当の中に入ってたら…もう〝神〟だね（笑）

アレンジ | 4

牛肉の辛旨卵とじ

辛

材料（2人分）

辛旨牛しぐれ … 大さじ4
卵 … 2個：溶きほぐす
A 水 … ¼カップ
　和風顆粒だしの素 … ふたつまみ
三つ葉 … 適量：ざく切り

作り方

鍋に辛旨牛しぐれ、Aを入れて中火にかけ、煮立ったら溶き卵を回し入れて半熟状に火を通す。器に盛り、三つ葉をのせる。

辛旨 POINT アツアツご飯にたっぷりのせて、開化丼にしてももちろん旨い！

アレンジ | 5

新定番丼！

辛旨牛丼

辛

材料（作りやすい分量）

辛旨牛しぐれ … 大さじ6
玉ねぎ … ½個：薄切り
卵黄 … 2個分
水 … 大さじ4
しょうゆ … 少々
ご飯 … 茶碗2杯分

作り方

1. 鍋に水、玉ねぎを入れて中火にかけ、玉ねぎがやわらかくなったら辛旨牛しぐれを加える。しょうゆで味をととのえる。
2. 器にご飯を盛り、①、卵黄をのせる。好みで紅しょうが適量を添える。

辛旨 POINT 一味唐辛子だけでは出せない深い辛さがおいしい！

具材たっぷり作りおき 3

辛旨じゃこ

大辛

保存

冷蔵で約7日
冷凍で約4週間

材料（作りやすい分量）

ちりめんじゃこ … 40g
一味唐辛子 … 小さじ1
A しょうゆ … 大さじ½
　みりん … 大さじ1
　白いりごま … 大さじ2
ごま油 … 大さじ2

作り方

フライパンにごま油、一味唐辛子を弱火にかけ、香りが出てきたらちりめんじゃこを加えて炒める。中火にし、Aを加えて混ぜる。

アレンジ ｜ 1

小腹が減ったときや夜食にも

辛旨じゃこおにぎり

辛 ｜ 1/3

材料（作りやすい分量）

辛旨じゃこ … 大さじ4
ご飯 … 茶碗2杯分
塩 … 少々

作り方

ボウルにご飯、辛旨じゃこを入れて混ぜ、塩で味をととのえてにぎる。

辛旨 POINT

さっとあぶっても香ばしくておいしい

アレンジ ｜ 2

ジュワッとしみるバターにカリッとじゃこ

辛旨じゃこのガーリックトースト

辛 ｜ 2/3

材料（作りやすい分量）

A 辛旨じゃこ … 大さじ2
　おろしにんにく … 小さじ1
バター … 20g
バゲット … 4枚：薄く切る
パセリのみじん切り … 適量

作り方

バターは室温にもどし、やわらかく練ってAと合わせる。バゲットに塗り、オーブントースターでこんがり焼く。器に盛り、パセリを散らす。

誠's POINT

じゃこ＋バゲット、意外な組み合わせだけど妙に合う！

アレンジ 3

辛旨つまみにんにく

大辛

酒飲みには
たまらない一品

材料（2人分）

辛旨じゃこ … 大さじ1
にんにく … 1個：1片ずつばらして皮をむく
揚げ油 … 適量

作り方

1. フライパンににんにくを入れ、かぶるくらいの油を注ぐ。色づくまで弱火でじっくり揚げて油をきる。
2. ボウルに辛旨じゃこを入れ、揚げたての①を加えてよく混ぜる。

辛旨 POINT にんにくはつま楊枝がスッと刺さるくらいじっくりと！

明太マヨで
コク旨度アップ！

アレンジ 4

辛旨じゃことねぎのだし巻き卵

辛

材料（2人分）

辛旨じゃこ … 大さじ2
卵 … 3個
細ねぎの小口切り … 2本分
A 塩 … ひとつまみ
　水 … 大さじ2
B 一味唐辛子 … ひとつまみ
　辛子明太子 … 小さじ1
　マヨネーズ … 大さじ1
サラダ油 … 大さじ1

作り方

1. ボウルに卵を溶きほぐし、辛旨じゃこ、細ねぎ、**A**を加えてよく混ぜる。
2. 卵焼き器にサラダ油を中火で熱し、①を3回に分けて流し入れ、卵焼きを作る。食べやすく切って器に盛り、合わせた**B**を添える。

辛旨 POINT だし巻きは幅の広いへらを使うと上手に巻けるよ！

アレンジ 5

辛旨じゃこの無限キャベツ

辛

ドレッシング
いらずの旨さ

材料（2人分）

辛旨じゃこ … 大さじ2
キャベツ … 3枚（約150g）：太めのせん切り
青じそ … 3枚：太めのせん切り
塩 … 少々
ごま油 … 大さじ½

作り方

ボウルに辛旨じゃこ、キャベツ、青じそ、ごま油を入れてよく混ぜる。塩で味をととのえる。

辛旨POINT ごま油の代わりに辛旨ラー油を使うと刺激アップ！

アレンジ 6

じゃことみょうがの辛旨豆腐サラダ

辛

材料（2人分）

A
- 辛旨じゃこ … 大さじ2
- 木綿豆腐 … ½丁：手で崩して軽く水をきる
- みょうが … 2個：せん切り
- きゅうり … ½本：細切り
- ごま油 … 大さじ1
- 塩 … 少々

青じそ … 2枚：せん切り

作り方

ボウルに **A** を入れてさっくりと混ぜる。
器に盛り、青じそをのせる。

さっぱり味の和風ピリ辛

辛旨 POINT 辛さがもの足りない人は、ごま油を辛旨ラー油にチェンジ！

具材たっぷり作りおき 4

辛旨きのこ

大辛

保存
冷蔵で約３日
冷凍で約３週間

材料（作りやすい分量）

好みのきのこ（しめじ、しいたけなど）
　… 300g：小さめに切る
A｜酒 … 大さじ２
　｜鶏ガラスープの素 … 小さじ２
　｜一味唐辛子 … 小さじ1
サラダ油 … 大さじ1

作り方

フライパンにサラダ油を弱火で熱し、きのこを炒める。しんなりしたら **A** を加え、汁けがなくなるまで炒める。

アレンジ｜1

辛旨きのこのチリカルボナーラ

辛｜

材料（2人分）

辛旨きのこ … 大さじ８
スパゲティ … 200g
塩 … 適量
ベーコン … ３枚：1cm幅に切る
赤唐辛子 … ２本：半分に切って種を取る
白ワイン … 大さじ２
A｜卵黄 … ２個分
　｜卵 … ２個
　｜粉チーズ … 大さじ６
　｜生クリーム … 大さじ４
B｜塩・こしょう … 各少々
粗びき黒こしょう … 適量
一味唐辛子 … 適量
オリーブ油 … 大さじ1

作り方

1. スパゲティは塩を加えた熱湯で袋の表示通りにゆでる（ゆで汁は½カップ取りおく）。**A** は大きめのボウルに合わせる。
2. フライパンにオリーブ油、ベーコンを入れて弱火にかけ、じっくりと炒める。脂が出たら赤唐辛子、白ワインを加えて中火にする。
3. アルコールがとんだら①のゆで汁½カップ、辛旨きのこを加えてゆすりながらなじませる。**A** のボウルに少しずつ加える。
4. ①の湯をきって③に加え、手早く混ぜ合わせる。とろみが足りない場合はフライパンに戻し、極弱火でとろみをつける。**B** で味をととのえて器に盛り、粗びき黒こしょう、一味唐辛子をふる。

誠's POINT

このコクと旨みは、もうふつうのカルボナーラには戻れない！

たっぷり生クリーム仕立ての濃厚な旨み

アレンジ 2

辛旨じゃがバター

辛

材料（2人分）

辛旨きのこ … 大さじ４
じゃがいも … ２個
塩 … 少々
バター … 20g
パセリのみじん切り … 適量

作り方

1. じゃがいもは洗って濡らしたペーパータオルで包み、ラップで包んで電子レンジで４～５分加熱する。取り出して十字の切り目を入れ、ざっくり割る。
2. 耐熱皿に辛旨きのこ、バター10gを入れて、ふんわりラップをかけて電子レンジで30秒加熱する。
3. 器に①を盛り、塩をふって②をのせる。バター10gを半分に切って添え、パセリを散らす。

きのこの旨みとバターのコク

辛旨 POINT レンチンだけで作れるお手軽さなのに、めちゃくちゃ旨い！ きのこたっぷりがおすすめ

きのこで
食べごたえも
グンとアップ

アレンジ 3

辛旨きのこオムライス

辛

材料（2人分）

辛旨きのこ … 大さじ4
ハム … 2枚：縦半分に切って1cm幅に切る
玉ねぎ … ¼個：薄切り
ピーマン … 1個：細切り
卵 … 4個
ご飯 … 茶碗2杯分
A トマトケチャップ … 大さじ2〜3
　顆粒コンソメ … ふたつまみ
塩・こしょう … 各少々
バター … 20g
パセリのみじん切り … 適量
サラダ油 … 大さじ1

作り方

1. ボウルに卵を溶きほぐし、辛旨きのこを加える。
2. フライパンにサラダ油を中火で熱し、ハム、玉ねぎ、ピーマンを炒める。全体に油がまわったら、ご飯を加えてほぐすように炒め合わせる。
3. Aを加えて混ぜ、塩、こしょうで味をととのえて器に盛る。
4. フライパンをさっと洗ってバターを溶かし、中火にして①を流し入れる。大きく混ぜて半熟になったら、③にのせ、パセリを散らす。

辛旨 POINT　ご飯ではなく外側の卵焼きに辛旨きのこを入れるのがポイント。ほどよい辛さが味わえます

アレンジ 4

焼き油揚げの辛旨きのこのせ

辛

材料（2人分）

辛旨きのこ … 大さじ２
油揚げ … １枚
細ねぎの小口切り … １本分
A みそ … 小さじ１
　マヨネーズ … 大さじ１
　砂糖 … ひとつまみ

作り方

ボウルに**A**を入れて混ぜ、油揚げに塗り広げる。辛旨きのこをのせ、オーブントースターで７～８分ほど焼く。食べやすく切って器に盛り、細ねぎを散らす。

こんがりみそマヨが
香ばしい

辛旨 POINT　仕上げに一味唐辛子をふると辛さ&香りがアップ！

手間なしなのに
ちょっぴりぜいたく

アレンジ 5

辛旨きのこそば

辛 ―

材料（2人分）

辛旨きのこ … 大さじ 5：電子レンジで温める

A | めんつゆ（3 倍濃縮）… ¼カップ
  | 水 … 2 カップ

そば … 160g

細ねぎ … 4 本：4㎝長さに切る

作り方

1. 鍋に**A**、細ねぎを入れて温める。
2. そばは袋の表示通りにゆでて器に盛る。①をかけて辛旨きのこをのせる。好みで一味唐辛子を添える。

辛旨 POINT P.80 の辛旨牛しぐれをいっしょにのせると、ガッツリ＆旨みあふれる１杯に

具材たっぷり作りおき 5

辛旨サルサ

極辛

保存

冷蔵で約３日

材料（作りやすい分量）

カットトマト水煮缶 … ½缶（200g）
玉ねぎ … ¼個：みじん切り
ピーマン … 1個：みじん切り
タバスコ … 大さじ1～2
トマトケチャップ … 大さじ2
塩 … 小さじ½
一味唐辛子 … 小さじ½
オリーブ油 … 大さじ2

作り方

ボウルにすべての材料を入れてよく混ぜる。

アレンジ | 1

チーズオムレツ
辛旨サルサソース

大辛

材料（作りやすい分量）

辛旨サルサ … 大さじ4
卵 … 3個
ピザ用チーズ … 30g
A | 牛乳 … 小さじ2
塩 … ひとつまみ
こしょう … 少々
オリーブ油 … 大さじ1

作り方

1. ボウルに卵、Aを入れて溶きほぐす。
2. フライパンにオリーブ油を中火で熱し、①を流し入れる。菜箸で大きく混ぜ、半熟になったらピザ用チーズをのせて包み、形を整える。
3. 器に盛り、辛旨サルサをかける。

辛旨 POINT　同じなす科のトマトと唐辛子だから素材の相性はバツグン

とろ〜りチーズと刺激がベストマッチ

アレンジ 2

豚しゃぶ辛旨サルサソース

大辛

材料（2人分）

辛旨サルサ … 大さじ４
豚しゃぶしゃぶ用肉 … 150g
レタス … ２枚：細切り

作り方

1. 鍋に湯を沸かし、沸騰させないように豚肉をゆでる。
2. 器にレタスを敷き、水けをきった①を盛り、サルサソースをかける。

さわやかな辛みと
さっぱり豚肉の旨み

辛旨 POINT　ご飯にのせてチーズをかけるとタコライス風に！

アレンジ 3

辛旨サルサとツナのぶっかけそうめん

大辛

缶詰とソースをあえるだけ

材料（2人分）

辛旨サルサ … 大さじ6
そうめん … 3束（150g）
ツナ缶 … 1缶（70g）
粗びき黒こしょう … 少々
オリーブ油 … 適量

作り方

1. そうめんは袋の表示通りゆでて冷水に取り、水けをきる。
2. 器に①を盛り、辛旨サルサ、ツナを缶汁ごとかける。オリーブ油を回しかけ、粗びき黒こしょうをふる。

誠's POINT

粗びき黒こしょうはたっぷりがおすすめ！

アレンジ 4

辛旨サルサのアラビアータ

大辛

辛旨サルサで
あえるだけの
シンプルさが◎

材料（2人分）

辛旨サルサ … 大さじ8
ショートパスタ … 150g
おろしにんにく … 小さじ1
顆粒コンソメ … 小さじ½
塩 … 適量
オリーブ油 … 大さじ2

作り方

1. ショートパスタは塩適量を加えた熱湯で袋の表示通りゆでる（ゆで汁½カップは取りおく）。
2. フライパンにおろしにんにく、オリーブ油を入れて弱火にかけ、じっくり炒める。香りが出てきたら中火にし、辛旨サルサ、①のゆで汁½カップ、コンソメを加えてゆすりながらなじませる。
3. ①の湯をきって加え、塩少々で味をととのえる。

辛旨 POINT　仕上げにチーズを加えるとコク&風味がUP！ ニョッキでもおいしく作れます

さわやかな酸味と辛さの
お手軽軽食

アレンジ 5

辛旨サルサドッグ

大辛

材料（2人分）

辛旨サルサ … 大さじ４
ホットドッグ用パン … ２個：
　オーブントースターで焼く
チョリソー … ２本：
　オーブントースターで焼く
リーフレタス … 1枚：食べやすくちぎる
バター … 5g

作り方

パンにバターを塗り、リーフレタス、チョリソーをはさんで辛旨サルサをかける。

誠's POINT

チョリソーはフライパンで弱火で炒めるとより本格的！

具材たっぷり作りおき 6

辛旨レバーペースト

大辛

保存

冷蔵で約２日
冷凍で約３週間

材料（作りやすい分量）

鶏レバー … 200g：血を取り除き、
　冷水で洗って水けを拭く
玉ねぎ … ⅛個：みじん切り
にんにくのみじん切り … ½片分
一味唐辛子 … 大さじ½
バター … 50g
白ワイン … 大さじ２
塩 … ふたつまみ

作り方

フライパンにバターを溶かし、玉ねぎ、にんにく、一味唐辛子を中火で炒める。香りが出てきたらレバーを加え、表面が白くなったら白ワインを加えて3～4分炒める。

塩を加えて火を止め、粗熱が取れたらフードプロセッサーで攪拌する。

アレンジ｜1

ワインのおともに最高！

辛旨レバーペーストのタルティーヌ

辛

材料（作りやすい分量）

辛旨レバーペースト … 大さじ６
バゲット … ４枚：薄く切る
オリーブ油 … 大さじ２
パセリのみじん切り … 適量

作り方

1. バゲットに辛旨レバーペーストを塗り、オリーブ油をかけてオーブントースターで焼く。
2. 器に盛り、パセリを散らす。

辛旨 POINT 今までのレバーペーストには戻れない！

アレンジ｜2

旨みと香りが絶妙マッチ

レバーペーストときのこの辛旨炒め

辛

材料（作りやすい分量）

辛旨レバーペースト … 大さじ２：
　軽くレンジ加熱してやわらかくする
好みのきのこ（エリンギ、マッシュルームなど）
　… 200g：大きめのひと口大に切る
玉ねぎ … ¼個：薄切り
マヨネーズ … 大さじ２
塩 … 少々　一味唐辛子 … 適量
オリーブ油 … 小さじ1

作り方

1. フライパンにオリーブ油を中火で熱し、きのこ、玉ねぎを並べて焼く。焼き色がついたらマヨネーズ、辛旨レバーペーストを加えてさっくりと混ぜ、塩で味をととのえる。
2. 器に盛り、一味唐辛子をふる。好みでクレソンを添える。

辛旨 POINT 火が強すぎると焦げやすいので注意！

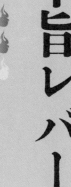

鶏の旨みをたっぷりまとった大人の味

アレンジ 3

辛旨レバーペーストの濃厚パスタ

辛

材料（2人分）

辛旨レバーペースト … 大さじ5
スパゲティ … 200g
塩 … 少々
一味唐辛子 … 適量
パセリ … 適量：みじん切り
オリーブ油 … 大さじ2

作り方

1. スパゲティは塩を加えた熱湯で袋の表示通りにゆでる(ゆで汁は取りおく)。
2. ボウルに①、辛旨レバーペースト、オリーブ油を加えてよく混ぜ、水分が足りなければゆで汁適量を加えて調整する。塩で味をととのえる。
3. 器に盛り、一味唐辛子、パセリを散らす。好みでレモンを添える。

誠's POINT

できたてアツアツのうちに旨みと辛さを味わうひと品です

スパイシーな
濃厚ドレッシングで
いただく

アレンジ 4

辛旨レバーペーストのアボカドサラダ

辛

材料（2人分）

リーフレタス … 1枚：ちぎる
にんじん … 1/3本：せん切り
アボカド … 1/2個：薄切り
くるみ … 8粒：刻む

A
辛旨レバーペースト … 大さじ2
オリーブ油 … 大さじ2
レモン汁 … 小さじ2
塩 … ふたつまみ

作り方

器にレタス、にんじん、アボカド、くるみを盛り、合わせたAをかける。

辛旨 POINT 野菜は好みのものを使ってももちろんOK。塩の代わりにしょうゆで和風にしても旨い！

生クリーム&チーズで濃厚なおいしさ

アレンジ 5

レバーペーストとポテトの辛旨グラタン

辛 ●○○

材料（2人分）

辛旨レバーペースト … 大さじ3
じゃがいも … 1個：薄い輪切り（水にさらさない）
生クリーム … 1/4カップ
A 塩 … ひとつまみ
　粗びき黒こしょう … 少々
ピザ用チーズ … 30g

作り方

1. 耐熱のグラタン皿にじゃがいもを広げ、ラップをかけずに電子レンジで2分30秒加熱する。
2. Aをふり、辛旨レバーペーストをのせて生クリームを回しかける。ピザ用チーズをのせ、オーブントースターで8分焼く。

辛旨POINT 酒のつまみにすると最高に旨い！ ゆでたショートパスタを加えるとメインにも

辛旨日本一！
蒙古タンメン中本をもっと知る

外食でも「辛旨」が楽しみたくなったら、激辛ラーメンの聖地「蒙古タンメン中本」へ。中本の歴史や、初心者向けオーダーのコツなど、知っておくと楽しめる中本プチ情報をご紹介。

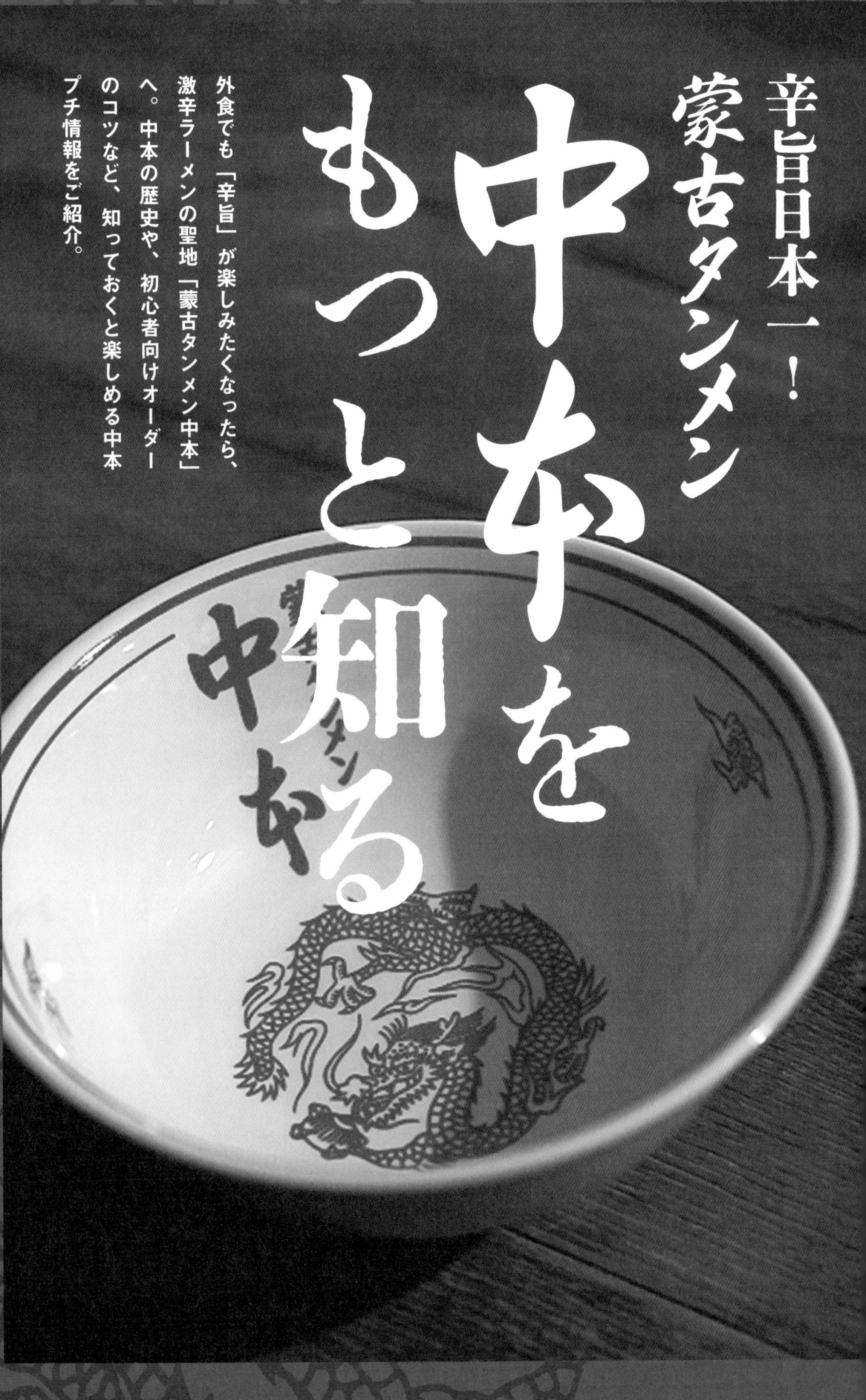

蒙古タンメン中本小伝

～辛旨との出会い～

夢は全国制覇！
世界進出

蒙古タンメン中本 店主

白根 誠

創業者である中本 正氏が昭和43年に開店した『中国料理中本』の常連客となり、通い詰める。1998年の閉店後、味の継承をうけて二代目を継ぐこととなり、2000年に再オープンさせる。生涯をかけて「中本の味と看板を守る」と誓い、「世界中の人に中本のラーメンを食べてもらいたい」との一心で、現在も邁進中。

中本の「辛旨」は奥が深い

私と「辛旨」の出会いは、今をさかのぼること45年前。たまたま風邪気味のとき、友達が「辛くておいしいラーメンを食べれば一発で治るよ!」と、先代の『中国料理中本』に連れていってくれたのが始まり。でも、あまりに辛くて、最初は「なんじゃこりゃ!」でしたよ。そのとき食べたのは味噌タンメンで、ピリ辛くらいのレベルなのに、スープまで飲みきれなかった。私はどっちかというと辛いのは苦手なほうだったから、友達には相当文句言いましたね。

　でもしばらくするとまた誘われて。辛さを覚悟して行ったけど、2回めもスープを残してしまった。やっぱりとんでもなく辛い…でも、何か引っかかる。次は自分から友達を誘って行ったら「なんだこれ! すげえ旨いじゃん!!」と、ついにスープまで完食。3回めで、中本の魅力に完全にオチてしまいました。

　その後20年、客として通い詰めた私は、先代が店を閉めたあとも中本の味がどうしても忘れられなかった。ラーメン作りも飲食店経営もズブの素人だったけど、何度も何度も頼み込み、熱意を認めてもらって看板を継がせてもらいました。

　私が人生を賭けるほどハマった中本の味。それは、辛さの中にある旨みなんです。ただ辛いだけじゃない、辛さとコクと旨みのバランスが絶妙。辛さというのは、唐辛子など辛さの素となる材料を入れれば、誰でも辛い味は作れるんです。でも、そこにコク、旨みが程よく存在していなければ、どんなに辛さを足しても決しておいしくならない。逆に、そのバランスを極めれば、究極の「辛旨」になるし、何度も食べたくなるやみつきの味になるんです。

　中本の旨さを、1人でも多くのお客さんに楽しんでもらうのが私の夢。「辛旨ラーメン日本一」から「辛旨ラーメン世界一」へ。これからもつっ走っていきますよ!

蒙古タンメン 中本ってどんなラーメン屋？

01 本店は上板橋

先代の中本正氏が店をオープンしたのが、上板橋駅前。閉店後、味を受け継いだ白根店主が、ゆかりの地・上板橋に新生中本をオープン。ここが本店とされるのは、中本氏と白根店主の強い絆によるもの。

02 じつは蒙古（＝モンゴル）とは関係ない

店名にもなっている蒙古タンメンの「蒙古」は、モンゴルのこと。先代の店主が「寒いところ＝辛いもの」というイメージから命名したもの。じつはモンゴルとは何も関係ないが、中本の看板メニューであり、現在に至るまで不動の人気ナンバー1メニューだ。

03 店舗ごとに「周年祭」がある

毎年オープン月に催される祭りで、店舗ごとに開催される。白根店主も来店し、中本アプリポイントが当たるくじ引きや従業員によるコスプレなど、にぎやかなイベント月間に。中本グッズを身につけた客も多く見かける。

中本年表

1968年 先代の中本正氏により、上板橋駅前に『中国料理 中本』オープン。

1978年 現在の店主、二代目白根誠が『中国料理 中本』の蒙古タンメンを初めて食べ、その味にはまり、連日のように通う常連客となる。

1998年 『中国料理 中本』が多くのファンに惜しまれつつ閉店。

1999年 中本の味を忘れられずにいた白根が、先代に店を継ぎたいと打診。最初は断られたが、何度も頼み込むうちに熱意を認められ、修業スタート。

2000年 『蒙古タンメン 中本』が上板橋にオープン。2001年に西池袋店（現在は閉店）、2003年に新宿店、2004年に目黒店、2006年に吉祥寺店と続々と新店をオープンさせ、2024年3月現在、都内を中心として関東近郊に28店舗を構える。

04 いちばん辛いのは「北極ラーメン」

真っ赤なスープに浮かぶ真っ白なもやしのビジュアルインパクトもさることながら、スープをすすると鮮烈な辛みに驚かされる、極限の辛ラーメン。中本といえば北極というイメージも強いが、「辛さに慣れないうちは無理しないほうがいい」と白根店主。

05 初めて食べるなら味噌タンメン！

辛さレベルは「3」で、ほんの少しだけ辛みがある味噌味。中本のなかではあまり辛くないラーメンだが、煮込んだような野菜がたっぷり入っていて食べごたえ満点。「中本のいろいろなメニューの基礎ともいえるスープなので、ぜひ最初に味わってほしいですね」（白根店主）

06 辛さを追加することもできる

できないメニューもあるが、注文時にラーメン系は10倍、冷やし系は5倍まで辛さを増やせる。

07 辛くないラーメンもあり！

中本通からは「非辛」と言われる辛くないメニューも存在する。辛いものが苦手な人や子どもと行くなら、辛さゼロの「塩タンメン」や「冷し醤油タンメン」を。また、プチスープ、トッピングなどのサイドメニューも充実しているので、辛くないメインにちょい足ししながら食べても。

08 ポイントがたまる公式アプリがある

利用金額に応じてポイントがたまったり、お得なクーポンが使えるなど、メリットが多い公式アプリ。ポイントをためると、扇子やマグカップなどの小物から、ウエア、アクセサリーなどのオリジナルグッズと交換できる。中本ファンなら必須！

Tシャツ（誠マーク）

黒皿

バンダナ

中本特製タオル

蒙古タンメン中本
が本気で考えた
辛旨レシピ100

2024年3月15日　第1刷発行

監修者　蒙古タンメン中本
発行者　矢島和郎
発行所　株式会社飛鳥新社
〒101-0003　東京都千代田区一ツ橋2-4-3 光文恒産ビル
電話 03-3263-7770（営業）　03-3263-7773（編集）
https://www.asukashinsha.co.jp

レシピ制作／フードコーディネート　ぬまたあづみ（こさえる）
撮影　矢野宗利
デザイン　橋田浩志（attik）
取材／編集　坂本典子（シェルト＊ゴ）
　佐藤由香（シェルト＊ゴ）
校閲　滝田 恵（シェルト＊ゴ）

制作協力　白根隆也（誠フードサービス）

製版　東京カラーフォト・プロセス株式会社
印刷・製本　中央精版印刷株式会社

ISBN 978-4-86801-000-5

編集担当　石井康博

監修者紹介

蒙古タンメン中本
（もうこたんめんなかもと）

1968年、前身である『中国料理中本』が開業。1998年にいったん閉店するが、店の20年来の常連客であった白根誠（現店主）によって2000年に『蒙古タンメン中本』として再開。看板メニュー・蒙古タンメンなどの激辛・辛旨メニューで熱烈な支持を集め、2024年現在、関東を中心に28店舗を構える。2008年から大手コンビニエンスストア、食品メーカーと開発したブランドカップ麺は、WEBメディアのコラボ系カップ麺人気アンケートで1位に輝くなど、全国で圧倒的な人気と知名度を誇っている。名実ともに「辛旨日本一」のラーメンチェーン。

※本書における監修者の収益の一部は、日本赤十字社を通じて令和6年能登半島地震義援金として寄付させていただきます。